CADENA DE EMOCIONES

BARKER ❸ JULES®

Cadena de emociones

Edición: Barker and Jules™
Diseño de Portada: Barker & Jules Books™
Diseño de Interiores: María Elisa Almanza | Barker & Jules Books™

Primera edición - 2020
D. R. © 2020, Claudia Fierro

I.S.B.N. | 978-1-64789-304-0
I.S.B.N. eBook | 978-1-64789-305-7

BARKER & JULES, LLC
2248 Meridian Blvd. Ste. H, Minden, NV 89423
barkerandjules.com

Claudia Fierro

CADENA DE EMOCIONES

BARKER & JULES°

Dedico este libro a mis hijas que son mis cómplices de vida, Claudia Fernanda y Daniela, porque me han permitido experimentar las más intensas, maravillosas y hermosas emociones que existen. Gracias por su presencia, su amor, su paciencia y su ayuda siempre y en todo momento. Pero, sobre todo ¡Gracias por creer en mí!

También quiero agradecer a todas las personas que, de alguna manera me han lastimado, gracias a ustedes he podido encontrar miles de emociones tóxicas, junto con la manera de enfrentarlas y sanarlas. Comprendo que no podían haber hecho nada mejor.

ÍNDICE

Introducción

Este libro es una guía de ayuda para comprender el dolor y liberarte del sufrimiento. A través de sus páginas encontrarás información importante sobre tus pensamientos, sentimientos, emociones, creencias limitantes y percepción, que te ayudarán a ver la vida con todos sus colores y matices, desde una perspectiva diferente.

Ya está comprobado científicamente que las emociones cambian e influyen en el ADN, que a su vez cambia la materia. Esto quiere decir que las emociones son tan importantes, que transforman la vida de cualquier ser humano, influyendo también en la materia, que es de lo que está hecho el mundo.

Así que, si quieres transformar tu vida, presta mucha atención a cada página para que comiences a comprender las cualidades de los sentimientos y las emociones, ya que literalmente tocan e influyen en las cosas de las que está hecho tu mundo, modificando tu vida.

En base a mi experiencia, vivencias y estudios, con mucho amor y dedicación elaboré y escribí "Cadena de Emociones", realizaremos juntos un viaje a tu interior, en el que explorarás tus secretos más profundos, revelando cada uno de los eslabones en tu propia cadena de emociones, para así comprender la manera en la que has creado tu sistema de creencias y en consecuencia tus costumbres, sentimientos y emociones.

Cada eslabón que conforma tú Cadena, representa una emoción que puede ser positiva, negativa, tóxica o combinada. Conforme vayas avanzando con tu lectura vas a ir descubriendo diferentes emociones que han habitado en ti, sin haberte percatado del impacto que han causado en tu vida. Podrás darte cuenta cuáles están formados de material estable, haciéndote un bien y, por otro lado, cuáles están formados con material tóxico, por lo tanto, te han lastimado. Al ubicarlos te harás consciente de cómo se formaron y podrás mantenerte alejado de las circunstancias en las que formaste a los que te lastimaron, para no volver a caer en lo mismo. Además, tendrás la oportunidad de eliminar definitivamente esos eslabones de tu Cadena de Emociones para vivir mucho más libre, tranquilo y feliz.

Si encuentras alguno que te disguste o te moleste no deberás quejarte de ellos, reclamarte a ti mismo o arrepentirte de nada. Todos y cada uno de los eslabones que existen en tu Cadena de Emociones, son los que han hecho que tu vida tenga un significado, te han ayudado a vibrar, a sentir, a ser la persona que hoy eres, aprende de sus enseñanzas y ¡enorgullécete de ellos!

Puede ser que ya tengas ubicados algunos de estos eslabones, sin embargo, descubrirás otros que han permanecido ocultos de tu conocimiento, siendo éstos los que más daño te han causado ya que, por no estar consciente de ellos se multiplican cada vez más, alimentándose de tus emociones más oscuras, de tal manera que se convierten en monstruos que crecen en tu interior sin percatarte de ellos. Estos hacen que

te sea casi imposible controlar las emociones que te desestabilizan y te llenan de dolor.

La buena noticia es que estás aquí porque has decidido eliminarlos y dejarlos fuera de tu vida por siempre, modificándola de manera considerable, así que comencemos este viaje en busca de emociones tóxicas. A través de estas páginas encontrarás la manera en que finalmente podrás identificarlas para aplicar la forma correcta de transmutarlas liberándote finalmente del sufrimiento.

Aprenderás a reconocer qué clase de emociones te han acompañado durante toda tu vida, cuáles son las que han predominado, qué caminos te han hecho tomar, cómo te han hecho sentir, de qué manera te han impulsado a pensar, hablar y actuar y, sobre todo, a qué destinos te han llevado. Lograrás interpretar de una manera clara, si tu sentir, tu pensamiento y comportamiento, han sido la manera correcta de generar los eslabones en tu cadena de emociones, descubriendo en cuáles fallaste y en cuáles acertaste; así podrás seguir el camino para transformar aquellas que te hacen daño, atándote a vivir de una manera que no deseas.

Es importante identificarlas a todas y cada una de ellas, sin miedo, sin pena, sin angustia, sin remordimientos ni preocupación; todos tenemos errores y virtudes, todos nos manejamos en muchas ocasiones por el ego, así que quítate la venda de los ojos, obsérvate en un espejo y ve más allá de tu silueta, enfócate en tus ojos, reconoce tu Luz y tu sombra; las dos tienen la misma importancia, tal vez existan algunas que no quieras ver o que te niegues a aceptar, si es así, te recomiendo cerrar este libro y regresar cuando estés listo y dispuesto a hablar de aciertos y desaciertos. Como lo dije, no hay absolutamente nada de qué avergonzarse, todos hemos hecho cosas buenas y malas, unos más que otros, pero eso no importa, de cualquier forma, todos sentimos de la misma manera y, con todo y nuestros defectos, somos perfectos.

Cada quién camina a su paso, dependiendo del nivel de consciencia en el que se encuentra, enfrentando los retos que debe enfrentar para su crecimiento personal, ya que todos somos Seres de Luz únicos e irrepetibles, aunque te llegaras a topar con tu llama gemela, aun siendo el mismo espíritu y la misma Luz, son dos seres completamente diferentes, ya que cada uno ha recorrido su propio camino a su propio paso. Cada quién avanza de diferente manera.

Cuando te reconozcas y comiences a trabajar en ti, en tu Luz, en tu camino, lograrás obtener las cosas que siempre has deseado, por las que siempre has luchado; tal vez un poco diferente a cómo las imaginabas, tal vez no lleven el mismo rostro, ni sea el destino sugerido, pero créeme que serán para mejorar tu vida de gran manera y con eso no me refiero a lo material, sino a lo espiritual; aunque por supuesto, en el momento mismo en el que comiences a cambiar Espiritualmente, las cosas materiales se darán por añadidura.

Así que, es tiempo ya, de quitar algunos eslabones a esa cadena de emociones que generas, de decir adiós a las tóxicas que no te permiten avanzar para que puedas modificar realmente tu existir. Seguirán presentándose situaciones que no te gusten, pero con tu nueva manera de sentir verás las

cosas desde una perspectiva mayor en la que te reirás de la confusión.

Ahora abre tu mente y corazón para que tu Yo superior se manifieste; que tu Espíritu te hable, te muestre sin máscaras ni velos todas tus emociones, y así encuentres e identifiques todos los sentimientos que has generado con tu sistema de creencias para modificar tu realidad. Colócate frente a tu espejo, observa más allá de lo evidente, no te quedes con la mirada puesta en lo obvio, has preguntas, encuentra respuestas, sobre todo, siente claramente cuáles emociones son las que se te están manifestando y cuáles son las emociones que has provocado en la gente a tu alrededor.

En la última sección del libro encontrarás un área en donde tú deberás apuntar las emociones que vayas descubriendo; con esto las recordarás cuando llegues al ejercicio del **"Laberinto del Séptimo Rayo 7°"**, que te ayudará a transmutar las emociones tóxicas para liberarte del sufrimiento, de una vez por todas.

¡Bienvenido a tu Cadena de Emociones! ¡Abróchate el cinturón, porque el viaje será escandaloso, abrumador, confuso y aparatoso, pero maravilloso! Simplemente toma este libro e imagina que estás leyendo el libro de tu vida, en el que alguien colocó un poco de poesía.

CAPÍTULO 1
El Origen

¿De qué se Compone Tu Cadena de Emociones?

Imagina una cadena grande, con un gran número eslabones fabricados con diferentes tipos de metales que representan a tus emociones, algunos son brillantes, blandos, muy reactivos, otros más duros, algunos incluso cuentan con comportamientos magnéticos y uno que otro hasta podría ser radiactivo.

Además, cuentan con grandes cualidades como la maleabilidad porque los puedes transformar fácilmente, la destreza de la ductilidad, que por más que los estires nunca se rompen, con su tenacidad los pueden golpear, torcer, jalar o intentar lastimarlos de cualquier manera, que ellos nunca se fragmentarán y, su resistencia mecánica que les permite soportar cualquier presión. Con estas cualidades podrás modificarlos de cierta manera con facilidad, únicamente necesitarás de mucha destreza, perseverancia, paciencia, inteligencia y amor propio.

Tu cadena de emociones, se ha forjado desde tu concepción hasta este momento de tu vida, con eslabones propios, ajenos, activos y prestados, llenos de emociones positivas, negativas, tóxicas y combinadas, que a lo largo de los años fueron tomando los matices que tú le quisiste dar, de manera que no deberás señalar ni culpar a nadie, ya que solo tú eres responsable de pensar, actuar y sentir.

En esta cadena, hay muchos eslabones que te pertenecen, pero también muchos que no, ya que se ha enredado entre los eslabones de cadenas ajenas. En tu vida te has topado con personas que te van jalando hacia su cadena para enredar sus eslabones con los tuyos. Las emociones que cargan estos eslabones no te pertenecen, sin embargo, si te afectan ya que contaminan los tuyos al encontrarse dentro de tu energía. De igual manera, tú has jalado a otras personas a tu cadena infectándolas con tus emociones.

Por otro lado, existen los "Eslabones Activos" que son aquellas personas con quienes te has topado en el transcurso de tu vida, familiares, pareja, amigos, hijos, conocidos, éstas que han jugado un importante papel en tu cadena ayudándote en el desarrollo de emociones, ya que se mantienen moviéndose en todo momento, en especial con aquellas con las que has tenido una conexión especial.

Algunas de ellas vibran en tu misma frecuencia incitándote a llevar la vida muy ligera, muy en paz. Los dos quieren lo mismo, pero prefieren continuar dentro de su zona de confort, sin tomar en cuenta el crecimiento interior, por lo que continuarán enfrentándose a los mismos obstáculos una y otra vez, creando emociones adversas sin tener la capacidad de transmutarlas porque no quieren aprender ni moverse.

Algunas otras que también vibran en tu misma frecuencia, te impulsan a crecer, a mejorar en cada paso, siempre están buscando los dos la manera de hacer más cosas, de crecer juntos tanto en el mundo material como en el espiritual. Por la inquietud de ambos no será un camino fácil, pero sí de muchas satisfacciones y amor.

Otras personas vibran un poco más alto que tú y te retan al mismo tiempo que te ayudan a ver la vida de diferente manera, de acuerdo a sus experiencias, a su nivel de consciencia y a su verdad absoluta. Con estas personas te has sentido especial porque te ayudan a ver tu Luz, la manera en la que puedes controlar tus emociones y ser feliz, pero debes mantenerte muy receptivo para no perder el foco. Este camino no será fácil porque te retará constantemente, aunque si logras llegar a la meta será muy fructífero y placentero logrando transmutar muchas de las emociones tóxicas que tenías, ya que es un camino de mucho aprendizaje. Sin embargo, tal vez llegaron en el momento incorrecto, cuando no estabas listo para retos, sintiéndote incómodo, te comportaste incongruente y tu ego terminó llevándote a caminar por un sendero más "tranquilo", sin tanta presión, en el que podrías ser "tú" libremente sin apremio por el cambio.

Por último, también te has topado con personas de vibración más baja a la tuya. Estas personas, en caso de que ellos no deseen crecer, te obligan inconscientemente a bajar tu nivel de frecuencia al que ellos se encuentran; sin darte cuenta de repente comienzas a tener emociones que ya no sentías, sin lograr comprender a fondo el porqué, esto es debido a que al bajar tu frecuencia tu nivel de consciencia también se ve afectado, comienzas a tomar decisiones equivocadas, la paciencia se va, el miedo regresa, los bloqueos comienzan a reaparecer y las emociones tóxicas resucitan.

En resumen, tu realidad no es la realidad de todo el mundo, aunque los eslabones activos en tu vida tengan una gran influencia. Todas las personas viven su propia verdad absoluta, es algo que debes de comprender, ya que te va ayudar a cambiar tu percepción de la vida y de lo que te debe y no importar. La felicidad será un destino más cercano ya que has abierto los ojos para identificar esas emociones positivas que te harán sonreír. Olvida el ego y la necesidad de tener siempre la razón, procura ampliar tu percepción, comprendiendo también la percepción de los demás, el mundo es un gran collage de oportunidades, en el que el infinito es el límite, así modificarás tu destino de muy buena manera, co-creando una vida en común con tus seres queridos; de otra manera quedarás atrapado en tu realidad, con tu verdad absoluta porque tu ego alimentó a tu egoísmo, de acuerdo a tu percepción de la vida, a lo que únicamente tú has vivido y deseas. Ahora es el momento, toma esta oportunidad, vuela como un águila, observa el panorama completo desde las alturas y comienza a realizar los cambios que se requieran.

Un consejo muy positivo es que debes tomar de tus eslabones activos siempre lo mejor, analizando su Luz y su oscuridad sin juicios, libre de miedo, desesperanza o necesidad, tendrás los pies más firmes sobre el terreno en el que te encuentres dejando las fantasías a un lado para que no te tomen por sorpresa. Busca y encuentra en cada uno de ellos el lado positivo y si ves que son personas tóxicas, que no te dejan nada bueno en tu vida, aléjate de ellas, aunque se trate de familiares cercanos.

Conforme vayas avanzando en tu lectura, irás comprendiendo mejor, digiriendo la información, aprenderás a distinguir cuáles emociones son tu realidad, tu sentir, tus sentimien-

tos y cuáles no. De tal manera que podrás romper y eliminar las que no te corresponden, además es indispensable que identifiques cuales son aquellos eslabones tóxicos que tú estás fabricando dentro de tu Cadena de Emociones. Son aquellos que duelen, pesan, son rudos, burdos y toscos, permanecen jalándote hacia abajo en espiral, asfixiándote, provocando dolor de cabeza y lastimando tu espalda porque el peso comienza a vencerte.

Es tiempo de sacar la fuerza inagotable de tu Ser, alzar la cabeza, voltear a ver hacia el horizonte, abrir tus alas y comenzar a volar para ver todo el panorama completo. Es tiempo de liberar los eslabones de emociones tóxicas y así será, con el simple hecho de admitir que tú eres quién ha creado los eslabones tóxicos. Es cierto que muchos de ellos no te pertenecen, sin embargo, tú les diste el acceso, permitiendo que vivieran en tú Cadena de Emociones.

* Al final del libro encontrarás un área en la que podrás hacer apuntes, siempre que termines de leer, ve a la hoja de Emociones y escribe cuál es tu emoción actual ya que pasarás por diferentes estados. Durante tu lectura, presta siempre atención a lo que estás sintiendo y anótalo.

"¿Qué son las Emociones?"

Personalmente, puedo decirte que las Emociones son el arte de sentir que estás vivo. Es esa sensación que mueve tu cuerpo, tu alma, tu espíritu, haciendo latir tu corazón con fuerza; que te permite percibir frecuencias y vibraciones que no sabes de dónde salen y sin embargo se manifiestan. Es esa percepción de que alguna fuerza mayor existe en tu vida, porque la sientes correr por tus venas mientras te impulsa a tomar decisiones.

Y llegan justo en aquellos instantes en los que, sin notarlo, sucede la unión de lo Divino con lo terrenal, inspirándote a seguir adelante o a detenerte, y que muchas veces incluso no logras comprender, simplemente sigues con ese instinto al que cada emoción te lleva, es una simple reacción a la que estás acostumbrado; gracias a ellas, respiras, lloras, te ríes, gritas, te enojas, amas, te aterras, tienes aciertos, pero también desaciertos y, por más que las quisieras detener, simplemente no podrías.

Las emociones tienen la gentileza de hacerte experimentar en todo momento, el caerte, levantarte, llegar a la meta, cumplir tus propósitos, entregarte, amar, perdonar, agradecer, romperte en mil pedazos y practicar el arte de la resiliencia, equivocarte, enojarte, gritar, preocuparte, ocuparte; ellas te hacen explotar cada sentido para moverte y expresarte, logrando construir una realidad en este mundo terrenal, en el que el físico con su sentir, sus sentimientos y emociones son la base de tu existir.

Así que estas son las maravillosas, incomprensibles, inde-tectables y muchas veces incongruentes emociones que te mantienen vivo, vibrando, con deseos de encontrarte con aquellas que te traen felicidad y alejarte de las que te hacen sufrir, pero ninguna emoción debe ser excluida, ya que todas y cada una de ellas te ayuda a crecer, a sentir y a descubrir todo el universo de sensaciones y frecuencias que habitan en ti.

"Disfrutando del Victimismo"

Tu cadena de emociones, hasta ahora se ha formado de es-labones de emociones positivas, negativas, tóxicas, combi-nadas, eslabones ajenos y eslabones activos. Ahora agrega-remos un aceite que los lubrica. Ese aceite en tu vida, es el Victimismo ya que es una adicción el sentirte víctima de las personas y las situaciones. Tal vez no seas una víctima las 24 horas del día los 365 días al año, pero debes serlo, aunque sea por instantes lejanos. Siempre hay un momento en el que necesitamos de una salida para justificar y esa salida siempre nos lleva al victimismo.

Piensa en estas frases y contesta sinceramente cuántas veces las has dicho: "No me quiere, no me entiende, no me busca, no me relaciona, no me llama, no me da, no me necesita, no dije eso, no fui yo, no me señales, no me parece, no lo logro, no me reconoce, no me remunera, no le intereso, no me valora, me juzga, me ve con malos ojos, no le importo, me señala, me siento solo, no nací para amar, soy un fracasado, siempre me equivoco, soy un tonto, ¿por qué no pienso correctamente?, ¿por qué no me di cuenta?, no he logrado nada, no soy suficiente, no puedo, me ofende, me agrede , no lo voy a lograr, me quiere ver la cara de tonto" así hay muchas, pero dime, ¿Alguna o varias te suenan familiares? ¡Claro! Porque alguna o varias veces te has sentido víctima, aunque no lo creas ni lo parezca, estas frases son de victimismo, las cuales algunas veces se expresan con toda la intención de hacerse la víctima y, en otras ocasiones salen muy naturales, pero inconscientemente porque ya se han hecho costumbre.

Este tipo de comentarios o reacciones los haces para victimizarte, porque alguien ajeno a ti te está señalando y lastimando de alguna manera o, tú mismo te has sentido incapaz en algún momento y quieres llamar la atención. Esta es una adicción inconsciente pero muy jugosa, que deja muchas satisfacciones. Con esta adicción, logras liberarte de culpas, responsabilidades, llamar la atención con éxito y resultar indefenso para que alguien más te dé lo que estás buscando. Suena fuerte pero así es.

"La Recurrencia y Herencia"

A lo largo de tu vida has generado un sinfín de emociones, muchas las has creado con el paso del tiempo, sin embargo, existen algunas que han sido recurrentes desde pequeño. Ya hemos hablado sobre qué son las emociones, pero ahora es necesario analizar cuándo se comienza a tener emociones y desde cuándo se toma el hábito por generar las mismas la mayoría de las veces. ¿Por qué se generan reacciones idénticas alrededor de situaciones similares, las circunstancias en las que se hacen y basadas en qué?, ¿por qué siendo tan negativas las haces tan tuyas?, ¿es acaso que en verdad te gusta vivir en sufrimiento o simplemente sigues esperando demasiado de la vida y de los demás?

Como podrás imaginarlo, desde que naciste tu cuerpo comenzó a estremecerse con emociones. ¡Fue un gran viaje! Tu nacimiento entre dolores, desapegos, nuevos apegos, dependencia, tu recibimiento en este mundo, el habitar un cuerpo físico, la emoción de estar en el planeta más hermoso, el amor de sentir a tu madre, a tu padre, a tu familia, cómo te abrazaban, saber lo que era el frío, el calor, un sinfín de cosas por explorar. ¡Qué emoción!

Desde ese preciso momento en que llegaste a habitar la Tierra comenzaste a crear emociones, incluso desde el momento mismo de la concepción, por eso también se dice que cuando estamos en el vientre se comienza a formar el carácter. Yo, personalmente, creo que lo tenemos incluso desde antes, experiencias de vidas pasadas y otras heredadas de nuestros antepasados.

Cuando naciste tus padres o tutores tatuaron en tu Alma una guía básica de cosas que debías hacer, cosas que no debías hacer, metas que debías cumplir, situaciones por las que nunca deberías de pasar. En ella venían también escritos muy claros los estándares que debías de alcanzar, lo que debías sentir en cada momento, en cada situación y cómo reaccionar para generar determinadas emociones.

Cada punto de esta guía tiene el sello de tu linaje, se ha ido pasando de generación en generación, de acuerdo a las vivencias de tus antepasados y tu familia actual; con ella te enseñan que todo lo encuentras fuera y no dentro. Es decir, te enseñaron a cuidar y darle valor a todo lo material, incluido el físico, dejando a un lado lo más valioso y lo que más debías cuidar: Tu Alma y Tu Espíritu. Sin embargo, no debemos culpar a nadie, ya que a ellos se les entregó de la misma manera esa guía.

Conforme fuiste creciendo, el tiempo y las personas que te rodearon también jugaron un papel importante en la manera en que desarrollaste tus emociones. Mucho tuvo que ver también la manera en la que fuiste criticado físicamente, económicamente, espiritualmente o intelectualmente y la manera en la que los estándares de la sociedad y las religiones dictaban.

Un Viaje a Tu Interior

Deberás viajar al interior de tu Ser para encontrar las respuestas, nada de lo que buscas está en el exterior. En la mayoría de las guías únicamente dictaron reglas de cómo cuidar el exterior, lo material, el físico; solo fue en unas cuantas que venía especificado que el interior es lo que más valioso y que debías cuidarlo con mayor esmero. Si tú fuiste uno de los afortunados en obtener una guía en a que te enseñaron a cuidar tu Alma y tu corazón, ¡Felicidades! ¡Eres uno en un millón! Pero si no fue así, siéntete orgulloso porque lo has descubierto por ti mismo y hoy, te encuentras buscando la manera de superarte, mejorar y finalmente dejar de ser la marioneta de tus emociones para tomar el control de tu vida y guiarla por el camino que mereces.

La primera meta es reconocer la voz de tu ego, comenzar a comprender qué es lo que quiere de ti. Observar cómo te tiene atrapado en su cadena de emociones tóxicas porque de ti se alimenta. Observa cómo ese ego por lo regular habla en pasado o futuro, siempre desea que hagas y seas alguien, o te recuerda todos los errores y las metas no alcanzadas en todos los aspectos de tu vida.

Cada vez que te quiera atrapar con el tiempo, ubícate en el presente, suelta el pasado, si fue un error, piensa en el aprendizaje y agradece, porque de lo contrario no contarías con esa sabiduría; si fue una meta no alcanzada, piensa que fue porque llegarás a una que en verdad sea para tu más alto bien. No sabes si hubieras llegado, lo que hubiera sucedido.

Si en tu vida llevas cargando un evento infortunado, tal vez culpándote de algo que le sucedió a alguien o a ti mismo, por una acción u omisión; deberás analizar cada paso de ese evento, darle la cara de frente al duelo y terminar de comprender de una vez por todas, que no fue tu culpa, que no había nada que pudieras haber hecho diferente. Así se suscitó, aunque te suene ilógico, agradece. Créeme que siempre hay algo positivo detrás de lo negativo. Por oscuro que parezca.

En la vida, es difícil comprender porque suceden cosas negativas a gente buena, dejándonos un dolor enorme en el pecho, llenos de emociones encontradas que muchas veces inclusive, nos llenan de deseos de tomar venganza, aunque nos ensuciemos las manos, pero con eso no lograremos nada más que obtener más dolor. Tendría que escribir todo un libro para hacerte comprender al 100% esta teoría, que es una realidad.

Entonces envía Luz y bendice el camino de los involucrados para que a ti llegue esa Paz que es urgente recuperar, para que tomes el control de tu vida hacia una dirección más armoniosa.

"El Acuerdo Divino y la Confusión"

Hay una falta de conocimiento de los cientos de emociones que se generan y quisiera que en este momento te sintieras un poco intrigado para saber cuáles son, porque, hasta ahora, las emociones que se "conocen e identifican" claramente son

unas pocas que suelen ser muy populares, como la tristeza, el enojo, el enamoramiento, el dolor, la alegría, etc. sin embargo, son cientos las que existen; más adelante encontrarás una lista muy amplia para que tengas la oportunidad de identificarlas y reconocer algunas más a fondo.

Tal parece que existe un acuerdo Divino para esta falta de conocimiento y percepción de todas las emociones. Creo que debe haber sido a propósito para que durante tu vida fueras descubriéndolas y aprendiendo de cada una de ellas, pues no tendría sentido llegar a habitar este hermoso planeta, sabiendo de su existencia, de la manera de cómo controlarlas y transformar cada una de ellas.

Gracias a esta hermosa confusión escondida y bien maquillada has ignorado por mucho tiempo la importancia que tienen para tu existencia, así que no les habías prestado la atención que requerían, por lo que fuiste formando una cadena de emociones, entre ellas, algunas tóxicas que no contemplaste, por lo tanto, no controlaste. No te sientas mal por ello, al contrario, Agradece. Aunque estas emociones probablemente te hayan tumbado en varias ocasiones, también ellas te hicieron levantarte, crecer para mejorar cada día más y Ser la persona que eres hoy.

La desatención de las mismas ha ayudado a que se enreden con mucha fuerza, formando unos eslabones fuertes que son difíciles de romper, más no imposible; un ejemplo burdo de ello sería como cuando no le prestas atención al cuidado de tu cabello, permitiéndole crecer sin siquiera cepillarlo; al paso del tiempo, tendrías nudos, rastas, incluso uno que otro visitante no deseado. Sabes que cepillarlo para quitarle los nudos será muy complicado, pero también sabes que lo lograrás, porque así te lo has propuesto y de ser necesario incluso cortarás algunas partes o todo.

Lo mismo pasa con tus emociones tóxicas: han crecido sin medida. De un momento a otro te diste cuenta que hay muchas emociones que te lastiman y que ya no quieres que sigan a tu lado; ahora es el tiempo de modificarlas, de observar, también, cuáles fueron las que en algún momento te hicieron feliz para después convertirse en tóxicas. No todo ha sido malo, puedes estar completamente seguro que podrás quitarte ese peso de encima para volver a sonreír ampliamente y Ser Feliz.

"Las Creencias, las Decisiones y el Enredo"

En esa guía que llevas tatuada en el Alma existe un número de creencias limitantes que han bloqueado tu sentir para enfocarte exclusivamente en el dolor, ya que ahí viene la orden de qué emociones debes tener en cada una de las diferentes circunstancias con las que te podrías enfrentar en la vida. Dependiendo de tu linaje, tu familia, su educación, su religión, sus creencias, la sociedad y su gobierno, siendo que la mayoría están basadas en el miedo.

Tú decidiste tomar algunas de esas órdenes al pie de la letra mientras que otras las creíste, las experimentaste y las

has ido moldeando durante el transcurso de tu vida. Las fuiste transformando de acuerdo a tus éxitos y tus fracasos, a tus logros, tus metas, tus deseos cumplidos y los sueños que dejaste olvidados en una almohada.

A pesar de que la idea de tus padres o tutores haya sido que fueras una réplica exacta de sus actos, formas de pensar y de sentir, o una mejor versión de ellos mismos, tú has crecido diferente, ya que cada ser es independiente, único e irrepetible. Aunque esto es algo que se ha dicho muchas veces, debemos darle la importancia que merece porque es algo que te hace muy valioso. No hay dos como tú en el planeta a pesar de que existe una llama gemela igualita a ti en esencia.

Entonces, por tu realidad personal, por tus experiencias de vida, por cómo fueron cambiando, por tus aciertos, errores, creencias, por tu conducta, tus palabras, pensamientos y por todos aquellos con los que te topaste en tu camino, incluidos tus padres o tutores y tus seres queridos, los que te han amado, los que te han lastimado, los que te han acompañado, los que te han abandonado, también a aquellos que tú has amado, lastimado, acompañado, soltado, abandonado, por cómo caminaste de acuerdo a tu percepción personal en cada situación, pensamiento, palabra o acción, fue que tus emociones se fueron moldeando de determinada manera de acuerdo a tus decisiones aprendiendo a reaccionar, a veces, casi en automático porque sin quererlo te predispones a situaciones similares.

Es muy normal que después de todas las vivencias que has tenido, tu manera de ver, sentir y percibir la vida, hayan ido cambiando tus emociones, aunque tus raíces en tu sistema de creencias estén bien arraigadas. Las has modificado por cómo te ha tratado la vida y cómo la has tomado tú, pero eso no significa que estén mejor o peor, simplemente están como tuvieron que estar para ayudar a tu evolución. De igual manera tú las pasarás a tus descendientes, pero ¡sonríe! porque al terminar este libro tu sistema de creencias será más positivo y tu herencia más armoniosa.

Y es así, cómo sin darte cuenta, de repente te encuentras enredado entre eslabones bien forjados, resistentes, grandes y dominantes, hechos por tu propia mano constituidos en una base de creencias limitantes de tu verdad absoluta, la cual nació por esa voz que te dice quién debes ser y cómo debes ser: "tu ego". Quien además siempre te recuerda todas las metas a las que debes llegar junto con lo malo, lo peligroso y lo difícil que te será alcanzarlas. Es casi como si se estuviera burlando en tu cara, retándote a tomar decisiones complicadas porque de no hacerlo no lograrás obtenerlas o alcanzarlas. De tal manera que "tu ego y tu verdad absoluta", que para ti son cómplices, en realidad la mayoría de las veces son tus peores enemigos, ya que son éstos quienes te llevan a vivir enredado en tu Cadena de Emociones haciéndote sentir frustrado en innumerables ocasiones.

"El Ego, su Jurado y el Motor de Vida"

La guía que se te entregó al nacer, puso a tu Ego en alerta para que cuando no siguieras o cumplieras las indicaciones cayera sobre ti un Juicio en el que tú mismo serías Juez y parte, por lo tanto, la sentencia sería muy fuerte y dolorosa. También te señala a aquellos que no tienen la calidad humana, física, moral o espiritual que debes "esperar" para que cuando no cumplan con esos requerimientos, caigan en tu sala de juicio para ser juzgados por tu ego. Este Ego, junto con su jurado, serán grandes enemigos que te acompañarán el resto de tu vida; por eso es muy importante aprender a controlarlos y usarlos a tu favor.

Como lo menciona tu guía, al no cumplir las reglas en ella no solo serías criticado, sino juzgado también por todos los involucrados que forman parte del jurado popular, siendo señalado y desechado de esa "maravillosa" sociedad a la que tú deberías de impresionar. Esas críticas y juicios que has recibido y que te advirtieron te hicieron llenarte de miedo, convirtiéndolo en tu motor de vida. Ese motor que te impulsa a luchar para conseguir lo que deseas en cualquiera de sus aspectos físico, laboral, amoroso, espiritual, etc. Puede ser positivo, negativo o ambos, ya que te pudo haber ayudado de buena manera, aunque vivir con miedo nunca será bueno. También te pudo haber detenido, ya que muchas personas con algún tipo de miedo se congelan, no piensan correctamente; incluso pudiste haber estado impulsado en algunas cosas y detenido en otras.

Como podrás imaginar, todo esto te ha causado miles de emociones a lo largo de tu vida, muchas de ellas tóxicas, así que por favor apunta cuáles emociones fueron las que en este momento te movieron el piso.

En resumen, el ego y el juicio hicieron crecer en ti el más grande de los virus: el miedo, y con él las emociones se reprimieron y se alertaron basándose la mayor parte del tiempo en ese miedo, del cual hablaremos más adelante. Este miedo también lo debes de identificar y reconocer para poder seguir con la limpieza de tu cadena de emociones.

"La Toxicidad como una droga"

Algo muy curioso es que, muchas veces sin estar consciente de ello, el dolor termina por convertirse en una droga que te causa adicción, ya que te mantiene con la adrenalina al tope. Tengo una amiga a la que, cada vez que le digo que las emociones tóxicas llegan a un momento en el que se convierten en adicción, ella me responde, que no está loca como para vivir adicta al dolor. Tal vez algún día quiera darse cuenta de la realidad y así corregir esa adicción.

Es como otro tipo de adicciones, yo tuve adicción al tabaco, y le di la vuelta muchas veces, alegando que me calmaba, me gustaba, lo disfrutaba y ¡sí! ¡En verdad lo hacía!, al menos eso creía. Reconocía que era una adicción, pero

yo estaba consciente de ello y ya con eso, me libraba de la responsabilidad de tomar una decisión correcta al respecto. Salirme de mi zona de confort no era fácil, no tenía la disposición de hacerlo, aunque esto me costara mi salud. Fue hasta que toque fondo, como con el resto de las emociones; que tome las riendas de mi vida y me hice cargo de mejorarla. Fue tan grande esta adicción que a la fecha hay instantes en los que quisiera un cigarro para "disfrutarlo".

Las emociones negativas como droga, tienen mucho que ver con disfrutar, de igual manera en la que yo "disfrutaba un cigarro", porque inconscientemente estamos creando una dependencia, en este caso a la adrenalina que generamos; esta nos mantiene alertas, activos, por eso se hacen adictivas. Por otro lado, tu mente junto con tu ego te dice que estás bien, que no debes moverte de tu zona de confort, porque podría doler aún más. Y, ¿Qué crees? ¡Tienen razón! Todo cambio es un riesgo, podría doler más. Es un hecho que vas a seguir cometiendo errores, no eres perfecto, nadie lo es, vas a seguir tropezando, cayendo, solo que ahora lo harás con clase y sabiduría, levantándote con elegancia, teniendo la cara muy en alto, enmarcada con una sonrisa sabiendo que se trató solo de un aprendizaje.

Esta adicción a la toxicidad lleva de regalo la adicción al miedo, rondando siempre en tu mente si serás capaz de llegar, de tener, de obtener, de sonreír, de ser saludable, de ser próspero, de amar, de disfrutar, de seguir. Tal vez tu sentir sea que únicamente te estás protegiendo, pero no hay nada de que protegerse realmente porque todo es perfecto. Solo depende de la manera en la que tú lo percibas y lo sientas; comienza a percibir desde el Amor, busca y encuentra el lado positivo dentro de todo lo negativo; libérate de las adicciones negativas, serás lo suficientemente bueno como para alcanzar cualquier meta que te pongas.

Cada vez que quieras alcanzar una meta, piensa como se sentirán las emociones al haber conseguido llegar a la meta. Ahora, ¡Siéntelo! ¡Víbralo! Libérate del miedo, esa es la adicción más peligrosa, porque además de un momento a otro, se vuelve más fuerte que tu propio poder. Si te mantienes en la vibración de las emociones correctas, harás que esa meta llegue a ti con el menor esfuerzo.

Otra adicción de emoción tóxica, que además es una de las más peligrosas es el "Victimismo". Una vez que caes en el papel de víctima es muy difícil escaparte, se necesita de mucha madurez, sensatez e inteligencia. Extrañamente, se le toma un gusto muy especial al sentirte víctima, ya que es una manera curiosa de llamar la atención y de provocar que realmente, todo el mundo te voltee a ver. Es un estado en el que seguro has caído varias veces, aunque no lo quieras reconocer. Tal vez es algo que viene de nuestros antepasados, de la época en la que se flagelaban para limpiar sus culpas y liberar sus "pecados". Tal vez es solo las ganas de que alguien más te levante, porque tú no sabes o crees no saber cómo hacerlo.

"La Reacción y Conclusión"

Tu Ego y Tú Verdad Absoluta te dicen que la gente debe reaccionar como tú esperas y que de no hacerlo, ellos son los que están mal, que se equivocan al tomar sus decisiones y probablemente así sea, hay un 50% de probabilidades de que tu tengas la razón, sin embargo, debes considerar que cada quién reacciona conforme a sus vivencias y, por estar esperando que la gente actúe de acuerdo a tu experiencia, te has quedado en diferentes ocasiones esperando por una acción o una reacción que en tu mente debía ser la correcta.

La Conclusión de que no están actuando como esperabas, te deja con una emoción de tristeza y frustración que te hunde en un pesimismo; tal vez sin necesidad alguna, ya que probablemente la acción o reacción que obtuviste fue mejor que la que esperabas, pero tu verdad absoluta y tu cadena de emociones tóxicas no te permitió verlo, diciéndote que no reaccionaron como esperabas, porque no eres suficiente, porque no te aman lo suficiente o porque hiciste algo muy mal hecho, aumentando tu estado negativo, manteniéndote alerta y a la defensiva. Incluso por no ver el panorama completo, pudiste haber perdido personas que te amaban profundamente, sin darte cuenta de lo feliz que hubieras podido ser.

Gran parte de esta reacción de no admitir opciones u opiniones ajenas a tus ideas, se debe también a la guía que llevas tatuada en el Alma, ella claramente te informa que siempre deberás ser asertivo, ya que no tienes derecho a equivocarte, que tu meta es llegar a ser el mejor en todo, que debías trabajar en ello hasta lograrlo, sin importar caminos, actos, sacrificios o daños, resaltando la idea de que podrías lograrlo si jugabas con las reglas como se te marcaban. ¿Cómo no crear emociones tóxicas con esta presión? Son muy pocos a los que se les dijo que tenían derecho a equivocarse y fallar; de todo corazón, espero que tu hayas sido uno de esos pocos.

De tal manera que con el murmullo constante de tu ego decidiste ser poderoso, inteligente, perspicaz, triunfador, no te importó coleccionar emociones negativas con tal de lograrlo, hacer sacrificios, ni tu dolor, y en muchas ocasiones, ni el dolor de los demás, decidiendo que las cosas debían ser así, porque esa era la manera correcta desde tu punto de vista, desde tu verdad absoluta. Y así los enredos continuaron.

Ahí dentro de tu verdad, también incluiste los consejos de todas las personas en las que has creído y has amado, que te han transmitido sus emociones de tal manera que las has tomado como propias. Por otra parte, si además eres una persona influenciable seguramente has cambiado muchísimas veces de parecer, gracias a comentarios que te han hecho y que además te han hecho sentir menos, por pena o por el que dirán, ya que como te marcaron en la guía, las críticas, o el fracaso, serían una de las peores cosas que te podrían pasar.

Esto no es un juicio, por favor no te juzgues. En algún momento todos dentro de nuestro miedo, con el fin de lograr lo que se nos dictó, nos llegamos a sentir mega poderosos, sabios, ¡como si nosotros fuéramos los creadores de esta magia que es la vida! De igual manera, ¡Todos nos llegamos a sentir frustrados, tontos o fracasados!, algunas veces nos

han influenciado, nos hemos lastimado a nosotros mismos y a seres queridos, por supuesto que sin saberlo ni pretenderlo, es simplemente a lo que la vida con sus creencias limitantes, sociedades y religiones nos ha llevado en complicidad con el nivel de consciencia en el que nos hemos encontrado, durante nuestras diferentes etapas de vida.

Ahora bien, hay personas que han triunfado y su ego les aplaude, remarcando los fracasos de los demás. Si triunfaste, tu ego debe estar inflado, tal vez intentando cegar un poco tu vista sin siquiera percibirlo, pero sientes que eres de alguna manera superior a otros. Aunque también es probable que te encuentres del otro lado de la moneda. Algunas personas por cuestiones de la vida y creencias limitantes, no triunfan o se quedan a medias. Entonces su ego los convierte en una víctima, sintiendo que el sistema y los demás abusan de ellos truncando su vida. Se meten a su burbuja de Victimismo, dejando a un lado todo sin lograr alcanzar sus metas; pero como son víctimas, comienzan a buscar culpables analizando según sus creencias limitantes ya que aprendieron a buscar fuera, lo que está dentro. En cualquiera de los dos casos que te encuentres, o atorado a la mitad de ellos, es muy importante que abras tu corazón para que realmente descubras todas las emociones que llevas escondidas en tu Alma.

Si te preguntas, ¿por qué hay emociones escondidas?, es porque es la manera más fácil de evadir responsabilidad por errores cometidos, frustración y fracaso. Esto sucede la mayoría de las veces inconscientemente por eso es difícil identificarlas y, cuando la persona las descubre se lleva un golpe fuerte ya que se topa con errores y dolores que borro de su mente porque no los quiere reconocer ni enfrentar, de modo que escapa de su responsabilidad culpando a terceras personas, situaciones y cosas.

Desafortunadamente, las personas que viven escondiendo sus emociones más profundas, se convierten en adictos a las emociones inestables, porque han sido sus compañeras por mucho tiempo, y a estas alturas no saben cómo deshacerse de ellas. Para ser honestos, en menor o mayor grado esto es algo que le sucede a todo mundo de diferente manera, es claro que tarde o temprano todos caemos en esa trampa. ¡Pero hoy eso se acabó!, vamos a liberarnos de la frustración y el fracaso, vamos a hacernos responsables por los errores que hemos cometido y vamos a hacer algo para compensarlo. Un gran inicio es simplemente reconocerlos.

Ahora bien, analicemos un poco cuál es la descripción real de tu felicidad ¿Qué estándares se deben cumplir para lograr ser feliz? ¿Cuánto dinero o posesiones debes tener para vivir feliz? ¿Cómo debe ser tu cuerpo físico? ¿Qué otras cosas materiales necesitas para poder ser feliz realmente? ¿De alguna manera te importa que tu interior esté en paz? ¿Crees que tus seres queridos deben darte lo que estás esperando de la manera en la que la estás esperando? ¿A qué le das más peso? ¿Cuáles son tus prioridades?

Las respuestas dependerán de tu historia y el nivel de consciencia en el que te encuentras ahora. Apúntalas en el área de notas, ya que estas mismas las responderás al final del libro una vez que hayas concluido tus ejercicios.

Curiosamente, si estas mismas preguntas las hiciera a 100 personas diferentes en el mismo momento, obtendría 100 respuestas diferentes. De modo que cualquiera puede estar en lo cierto o equivocado, ya que tu verdad absoluta o mi verdad absoluta nos funcionan a nosotros, mas no le funciona a cualquiera pues todos cuentan con su propia verdad, historia, Cadena de Emociones, que contiene su propio brillo, su propio peso, forjadas a su manera; por lo tanto, todo en esta vida es cuestionable y lo único que debe preocuparte a partir de ahora es sonreír ante la felicidad o la adversidad.

"La Adicción y La Salida"

Seguramente algunas emociones te han dejado con un dolor tan grande que tal vez, ya te hiciste adicto al dolor, abrazando al sufrimiento para martirizarte y permaneciendo ahí el mayor tiempo posible. Es como si inconscientemente te castigaras por haberte equivocado.

Estás consciente y sabes que pudiste haber evitado ese dolor si hubieras hecho caso a tu instinto tiempo atrás en el que no hubiera dolido tanto, sin embargo, seguiste permitiendo que tus emociones fueran controladas, porque no tenías idea de cómo actuar de otra manera, así que no te sientas culpable, pero tampoco culpes a otra persona.

También existe la posibilidad de que al leer esto pienses que a ti no te ha sucedido, pero ve un poco más allá, se honesto. ¿Crees tener consciencia sobre todas tus emociones? Si piensas que sí, y que además las dominas, es que no quieres aceptar la realidad. Todos sin excepción, caemos en esta Cadena de Emociones, ya que es la manera de aprender para crecer. Deseo que hayas aprendido lo suficiente como para experimentar cada vez emociones diferentes, ya que de no haber aprendido la vida te repite cada situación trayéndote la misma emoción tóxica de dolor, aunque muchas veces pueda ser con diferente nombre y lugar.

El primer paso para salir de esa cadena de emociones tóxicas es el reconocer que en muchas ocasiones no has sabido identificarlas o usarlas a tu favor. Todos fallamos, ya que venimos a esta vida a aprender. Que aburrido sería de lo contrario, así que si no tuvieras errores, si por tus mejillas nunca hubieran corrido lágrimas, tu vida no valdría la pena porque no valorarías ni disfrutarías lo suficiente como para ser feliz. Serías una persona con una vida "perfecta" estando inmensamente aburrido e infeliz.

¡Pero ahora sonríe y celebra hoy con este libro entre tus manos!, porque llegaste al punto en el que has dicho "¡Ya Basta!" deseando cambiar esas emociones tóxicas. Por lo pronto, debes tener identificadas algunas, ten calma que vamos solo en el principio, encontrarás o identificarás muchas otras para eliminarlas, dejando finalmente el sufrimiento a un lado. Es el momento de saber cuáles emociones te favorecen y cuáles puedes modificar para tu beneficio, antes de que te lastimen de nueva cuenta.

Aquí encontrarás las herramientas necesarias para descubrir la salida, es tiempo ya de eliminar el dolor y llegar a la meta de tu felicidad, pero recuerda que debes comenzar por ser muy honesto contigo mismo, no es necesario que lo platiques con nadie más, tú debes hacer ese viaje a tu interior, con tu corazón abierto, en busca de la verdad, abrirte a recibir palabras positivas, así como las negativas, quitarte la venda de los ojos y sentir. De otra manera, si te engañas a ti mismo seguirás en el mismo pozo profundo envuelto en tu cadena de emociones.

Es algo complicado, sin embargo, es un viaje que todos debemos hacer porque todos tenemos fallas y cosas que aprender. No olvides escribir tus emociones al final del libro, está dividido en cuatro partes, la primera serán tus emociones positivas, la segunda serán tus emociones negativas, la tercera las emociones tóxicas y en la cuarta aquellas emociones que según tu criterio han sido buenas, pero con el tiempo te han causado dolor. Recuerda que es importante que las tengas a la mano para acordarte de cada emoción tóxica cuando llegues a los ejercicios que te ayudarán a transmutarlas. Deseo que te libres de todas y cada una de ellas.

Habrás de estar muy atento y sensible. Cuando logres este objetivo comenzarás a tomar las riendas de tu vida para guiarla por el camino que siempre has deseado. No será fácil y por supuesto deberás trabajar mucho en ellas, ya que dependerá únicamente de ti el éxito del cambio en tu vida. Comienza tu enfrentamiento con tu Cadena de Emociones para romper aquellos eslabones que te inmovilizan y te lastiman.

Debes prepararte a tener un camino tortuoso, con subidas, bajadas, curvas, velocidad alta en algunos tramos y en otros tan baja que no sabrás si estás avanzando o no; retornos, incluso hay áreas en las que viajarás de cabeza, te toparas con muchos obstáculos en el camino, pero tú puedes lograrlo, porque para eso estás aquí.

Todos estos sentimientos y emociones son normales. Para poder modificar aquello que has construido durante años y que te fue heredado, deberás invertirle tiempo, paciencia, constancia, disciplina, fe, confianza y sabiduría, no podrá faltar ninguno de estos ingredientes, así encontrarás la estabilidad emocional en ti mismo sin depender de nadie más.

Se escucha mucho más complicado de lo que es, lo único que realmente necesitas es el deseo y voluntad para alcanzarlo, así que no desistas porque estoy segura de que lo lograrás.

CAPÍTULO 2
Sentimientos vs Emociones

Sentimientos

Cuando hablas de Sentimientos, no solo estás expresando una palabra hermosa, además estás describiendo tu esencia Divina, ya que fueron creados con la intención de que pudiéramos vibrar, sentir, en pocas palabras vivir. ¡Así es! Si no existieran los sentimientos, ni tú, ni yo, ni una sola alma en este planeta existiría, ya que los sentimientos son Tu verdadero "Ser". Uno de ellos es el Amor, que forma parte de tu Divinidad, no obstante, como vives en un mundo dual también cuentas con lo opuesto al Amor, que es el miedo, siendo esta tu parte terrenal y, aunque parezca increíble de creer, el miedo también te ayuda a vivir y sobrevivir, por eso es muy importante aprender a reconocerlo, conocerlo, controlarlo y manejarlo.

De tal manera que *Amor y miedo*, son los dos únicos *Sentimientos* reales, que son los que detonan las emociones, por eso traen consigo un sentir. Una manera de darte cuenta cuando estás hablando de emociones y no de sentimientos, es cuando puedes cambiar lo que estás sintiendo, transformarlo incluso de manera instantánea y automática. Por ejemplo, puedes estar sintiéndote preocupado y de un momento a otro tu pensamiento cambia y esa emoción se va; sin embargo, tu esencia de Amor nunca desaparecerá, a pesar de que a veces lo llenes de miedo. Ese Amor con su frecuencia elevada continuará latiendo dentro de ti, aunque se cubra con muchas capas de lodo, aunque inconsciente o conscientemente lo escondas. ¡Éste nunca cambia, porque Amor es lo que Tu Eres!

Tal vez seas una de las pocas personas que han despertado, que sabes que eres Amor y conoces bien tu Luz, sabiendo que no eres un cuerpo físico que es habitado por un espíritu, sino un Espíritu que habita dentro de un vehículo físico, que te permite transitar por esta maravillosa experiencia llamada vida. Por favor que no por eso deje de importarte el cuerpo físico, ya que también sabes que sin él no podrías estar aquí y ahora, respirando, vibrando, teniendo cientos de emociones que te estremecen, provocándote la risa o el llanto.

Pero, si aún tienes dudas y continúas haciéndote esa pregunta, debes saber que ¡Sí! Eres un espíritu de Luz y tu esencia es el Amor; tus células y átomos se mantienen vibrando con su mejor frecuencia dentro de tú cuerpo físico, mientras transitas por esta vida hermosa, dentro de un planeta que te entrega todo lo que requieres para vivir y saciar tus necesidades terrenales.

Desafortunadamente muchos que viven dentro del sentimiento y vibración del miedo, piensan que son solo materia y han perdido la capacidad de sorprenderse en el recorrido de la vida, únicamente sienten el impulso de volver a salir a caminar por el sendero de su vida, con nuevas metas, buscando nuevas experiencias ,ideas, nuevas personas, nuevas emociones, sin realmente conseguirlo ya que están dejando a un lado su sentir, prefieren alimentar las viejas emociones que desafortunadamente los lleva a seguir almacenando y empoderando a las mismas emociones tóxicas con las que han vivido la mayor parte de su vida, olvidando a su Espíritu y viviendo atados dentro de un cuerpo físico,.

Entonces tienes dos opciones, la primera es elegir vibrar desde la frecuencia del amor o la segunda que es vibrar desde el miedo. Tu forma de caminar por tu sendero en este Planeta dual y material, es completamente tu elección. Tristemente no te enseñaron a elegir correctamente, ya que te presentaron al miedo como tu motor de vida. No los culpes, ni te culpes, esa era la manera en que tus antepasados aprendieron a sobrevivir. Hoy no tienes que vivir con miedo todo el tiempo, así que aprenderás a controlarlo y a alinearte a la frecuencia del Amor para generar emociones agradables; es tiempo ya de vivir en paz.

Cuando no estás alineado con la frecuencia del amor, es porque el miedo se ha apoderado de ti, cubriendo con lodo tu verdadera esencia, de tal manera que Luz se opaca atrayendo a ti problemas obstáculos, desconciertos, inseguridades, indiferencia, desestabilidad, entre muchas otras emociones negativas, que te hacen sentir sufrimiento y desesperación. Cuando vibras en la frecuencia del miedo, te conviertes en un ser vulnerable que no puede tomar decisiones acertadas, aunque a ti de momento te parezcan de lo mejor, con el tiempo te traerán problemas. En el capítulo 6 aprenderás diferentes técnicas que te ayudarán a estar bien conectado y alineado con tu verdadero Ser. Una vez que la hayas aprendido, lo único que restará será el deseo y la voluntad de hacerlo.

A lo largo de las páginas de este libro, aprenderás a diferenciar si estás actuando desde la frecuencia del miedo o del amor, analiza a detalle cada paso, cada sentir, cada emoción, ya que esto es muy importante, porque cuando enfocas tu energía únicamente a tu lado terrenal con el sentimiento del miedo, el desarrollo de tu vida, tus actos, pensamientos y sentimientos, se pierden de muchas oportunidades para ser feliz, atrayendo situaciones de baja vibración, contigo mismo, con tu salud, tu prosperidad, tu pareja, tu familia, tu empleo, tus amistades, etc.

Si al terminar el libro te quedan dudas, entonces será necesario, leerlo una y otra vez, hasta que tengas muy claro porqué estas atrapado en tus emociones y cómo fue que se formaron todas tus decisiones, para poder identificar esas emociones tóxicas, pero por favor observa con los ojos muy abiertos, sin estar buscando culpables ni pensando que no estaba en tus manos, porque tu solito te estarías engañando. Es indispensable que comiences a identificar los sentimientos de Amor y miedo para así descifrar la frecuencia que llevas a cada emoción.

Sentimiento, Emoción y, Sentimiento como el Acto de Sentir

Ya vimos lo que son los Sentimientos, sin embargo, muchas veces se confunden con las emociones y el sentir, ya que se piensa que son lo mismo. No obstante, ahora ha quedado claro que solo existen dos **Sentimientos** reales, "el Amor y el miedo", siendo el Amor tu verdadera esencia. Estos dos disparan un sinfín de **Emociones** que te hacen vibrar, sonreír, llorar, correr, detenerte, actuar, pensar, hablar; en pocas palabras, sentir.

Motivo por el cual puedes expresar tus emociones y/o sentimientos correctamente de cualquiera de las siguientes maneras: "Tengo "sentimientos" de alegría, "Yo siento alegría" o "Que alegría"; todas ellas están expresando lo mismo, una emoción activada por un sentimiento que te hace Sentir, es decir, en estos ejemplos estás dando a entender la emoción que estas vibrando en este momento, con un sentir de alegría que proviene del Amor, también basándote en eso podrías decir: tengo sentimientos de terror, desesperanza, infelicidad, tristeza, etc. Con el entendimiento de que te estás refiriendo a sentir emociones provenientes del miedo, es decir:

"El Sentir es el percibir las Sensaciones de las Emociones que han sido impactadas por tus Sentimientos, que son tu verdadero Ser".

Estas expresiones están explicando la Emoción que te embarga en ese momento, a la cual se le identifica como un sentimiento, porque es el acto de **Sentir**. Sentiste terror, sin embargo, es claro que el terror no es un sentimiento sino una emoción, ya que se refiere a la sensación que percibiste que te causó sentirte aterrorizado. Todas las emociones son porque los pensamientos, actos, sucesos, lugares, personas, etc., los percibes desde el Amor o el Miedo, haciéndote sentir de determinada manera. Dependiendo del sentimiento donde lo hayas percibido, será el tipo de emoción que te genere.

Tu percepción se desarrolla en tu Cadena de Emociones ya que está basada en tu realidad, tus creencias, tu familia, tus amigos, las personas que te has topado en el camino, incluyendo sus reacciones, tu desarrollo de vida, la importancia que le das a la sociedad, las doctrinas y gobiernos. Provocando que, desde ese punto, la percepción active la frecuencia del Amor o del miedo en cada instante de tu vida. Por lo tanto, esa elección es completamente tuya, de nadie más, no podrás culpar a ningún tercero, tu solito decidiste si activabas la frecuencia del Amor o del miedo.

Podrás tener la herencia de creencias limitantes muy arraigadas, haber vivido momentos tristes en los que han sucedido eventos infortunados, haberte topado con personas que te han lastimado de alguna manera, pero a lo largo de tu vida tú has decidido en qué creer, en qué no y que poner en duda para investigar, así que tu desarrollo ha dependido exclusivamente de ti. Tal vez construiste un bunker a tu alrededor sin darte cuenta que solo te bloqueó el camino. Eso sería el resultado del miedo prevaleciendo en tu existir, a pesar de los éxitos o derrotas que hayas tenido. Lo mejor que puedes hacer es conectar con el Amor por medio de terapias,

meditación o el método que prefieras, para provocar que éste exista en tu vida, cosechando paz, felicidad y tranquilidad.

Ahora ha llegado el momento de ahondar en esos sentimientos que te han provocado sentir un sinfín de Emociones. Abróchate el cinturón porque el viaje a tu interior ahora se intensifica.

El miedo

Antes de referirnos a la parte bonita que es el Amor, hablaremos sobre el miedo, ya que es una palabra fuerte con un misticismo que a todos estremece, algunos son adictos a ella, mientras que otros le huyen. Es un sentimiento real, sin embargo, también se trata de una emoción.

Como sentimiento, el miedo es parte fundamental de tu Ser terrenal, es como una vitamina que te inyectaron para que tu cuerpo físico funcionara de manera correcta, reaccionando a los momentos de peligro con pensamientos instantáneos, que te obligan a actuar de la manera correcta para salvar tu vida o no llegar a lastimarte, cuando hay peligro, tu Espíritu lo nota y te inyecta miedo para que reacciones, despertando en ti el instinto de supervivencia, logrando liberarte de cualquier daño.

Ahora te estarás preguntando, ¿Qué pasa cuando no logro evitar el peligro? ¿Es que no logré sentir la inyección de miedo que me pusieron? La respuesta es No, no es así; siempre lo sabes, siempre te das cuenta, es eso que también llaman sexto sentido, aunque realmente es la voz de tu espíritu, de tus seres de Luz, tus guías, simplemente es que no les has querido prestar atención por alguna de muchas razones. Esas pueden ser por auto boicot, acuerdos de alma, pactos, cumplimiento de karma, deudas, etc. No entraré a fondo a este tema ya que no está relacionado con las emociones. Simplemente tú con tu libre albedrío, has decidido no prestar atención y sufrir las consecuencias.

Este sentimiento también se te inyecta cuando tu sistema de creencias limitantes florece y el ego brinca poniéndote en estado de alerta, es entonces cuando generas emociones negativas que te hacen hablar o actuar de manera errónea, pudiendo lastimar a otras personas, incluso a ti mismo, presta especial atención a esto para que lo identifiques pudiendo hacer algo al respecto.

¿Pero cómo se generan esos pensamientos, esas percepciones de miedo? ¿Cómo saber cuándo proviene de tu sentimiento y cuando se trata solo de una emoción?; existen diferentes situaciones y cosas que generan miedo, dependiendo de las circunstancias, el entorno y las personas, ya que no todos tenemos los mismos temores, ni se nos activa el miedo en las mismas situaciones o lugares y, aunque existen miedos que son muy generales, también existen situaciones que a algunas personas atemorizan, mientras que a otras no.

Para comprender claramente ¿Qué es el miedo?; dejando a un lado la típica definición de enciclopedia, empiezo por recordar y reafirmar que se desarrolla también como una

emoción, ya que el miedo como un sentir, se transforma en emoción y aquí es donde radica la diferencia. El miedo como un sentimiento real, aunque parezca difícil de creer es bueno, en muchas ocasiones te ayuda y te impulsa a mejorar, por otro lado, el miedo como emoción te perjudica ya que te hace cometer errores. Por lo que el miedo en ocasiones te ayuda a vivir, aunque también en ocasiones te puede llegar a matar. Pero sigamos con la explicación para que puedas comprender a fondo.

El miedo al igual que el Amor, son sentimientos que existen aunque no los veamos, sin embargo, sí los sentimos, por lo que a nivel espiritual el miedo realiza todo un ritual, el sentimiento real surge a partir de que tu cerebro capta una acción, una palabra que identifica un peligro, estando cierto de algo que ocurrirá aquí y ahora por lo cual debes protegerte, inyectándote ese combustible para hacerte reaccionar de la manera correcta, aunque por otro lado, también capta los pensamientos de peligro que genera tú mente, desafortunadamente esos pueden venir de la realidad de tu sentimiento o de la falsedad de una emoción que estas creando a partir de creencias limitantes que te llenan de terror. Por lo regular, éstos vienen del pasado o futuro estando muy avalados por tu ego.

Cómo se generan energéticamente las emociones basadas en el Miedo:

1. Canalizas el sentir por el 6° chakra que se encuentra en tu entrecejo y se le conoce como tu tercer ojo, en sánscrito se llama Ajna, significa Yo comprendo o Yo veo, generando un pensamiento acerca de la situación, el

cerebro en conspiración con tus juicios y tu ego engrandeciéndolos comienzan a generar miedo fabricándote imágenes espantosas, de las cuales quieres huir.

2. Inmediatamente después, tu cerebro envía esta idea de peligro magnificado hacia el 3er chakra, que en sánscrito se le dice Manipura, el cual es el que nos da la seguridad y se identifica con la frase Yo puedo; es el chakra del poder que por estar recibiendo el sentimiento del miedo, su reacción es "No puedo" o "Tienes que poder"; éste se encuentra localizado por el área del ombligo, ahí es donde se genera el sentir del miedo, entonces tu estómago se hunde, ¿si recuerdas ese sentimiento verdad? brinca, tiemblas, comienzas a sudar. A veces sientes no mariposas, sino murciélagos revolotear.

3. De ahí, el miedo ya engrandecido se traslada hasta el timo casi sin que lo notes; aunque si pones atención y sigues la sensación del estómago, te darás cuenta que sube, hasta el lugar donde se encuentra el chakra del corazón, que en sánscrito se le llama Anahata, el cual nos da Paz, Amor y Tranquilidad, y se le identifica con la frase Yo Amo; pero es en ese instante con el pensamiento unido al sentimiento, llegando con toda su fuerza al corazón, comienzas a emanar emociones, obviamente si fueron creadas desde el miedo, son negativas, muy lejos de la Paz, Amor y Tranquilidad.

4. Ya habiendo terminado inconscientemente tu ritual del miedo, con los tres chakras involucrados; en un instante te llenas de terror, angustia, pánico, tu ritmo cardíaco

comienza a bombear con más frecuencia, tu Cadena de Emociones comienza a crear eslabones rígidos, que te entumen, sientes como si tu corazón se fuera a salir de tu pecho, la sangre comienza a hervir, la sientes correr entre tus venas, tu metabolismo se acelera y comienzas a producir adrenalina en fuertes dosis; ahora tu respiración está agitada, tus músculos contraídos, tu cuerpo en completa alerta, listo para reaccionar y activar alguna acción de defensa, mientras tus eslabones de emociones tóxicas continúan entretejiéndose. Si estabas en un peligro "real", tu miedo te ha salvado; ¡Felicidades! Pero si, por el contrario, estabas en un miedo "falso", solo has logrado estresar a tu sistema inmune. ¡Cuidado!

Ilustración 2.1

EL Llamado al Universo desde el Miedo

Un ejemplo común con pensamientos basados en el miedo:

Si te ofrecen algún cambio laboral y te encuentras alineado al amor, sabrás reconocer perfectamente bien si vas a estar mejor que en el que tienes actualmente, pero si estás alineado en el miedo, las dudas comenzarán a brotar y surgirán muchas preguntas que reventarán en tu cabeza como olas del mar.

No podrás identificar bien, si en el que estás o en el que te están ofreciendo vas a estar mejor, si tu no logras salir del miedo, no vas a tener ni idea de cuál de los dos elegir, porque el miedo atrapará tus pensamientos ahogándote en sentimientos de incertidumbre. -

"Que miedo renunciar, porque puede ser que en ese otro empleo me vaya mal, pero si no renuncio y no acepto el tra-

bajo nuevo, entonces no voy a poder crecer rápido como yo quería hacerlo"

Indecisión absoluta es lo que se siente, seguido de un bloqueo de emociones por el terror que se está experimentando. Entonces se siente la incertidumbre de no saber qué hacer, de no saber qué rumbo tomar y, muy probablemente las decisiones que se tomen serán malas.

El miedo ha sido tan importante en la vida del ser humano, que se ha interpretado en la literatura, en películas, obras de teatro, música, pinturas artísticas, parques temáticos, juegos de mesa, etc... Algunas personas lo utilizan para llamar la atención a otras, con el pretexto de que están jugando, asustándolas para causarles miedo "jugando", convirtiéndose en una situación peligrosa porque el exceso de miedo puede llevar a una persona que sin saberlo padezca alguna enfermedad cardíaca, un infarto o cualquier otro desorden físico, inclusive se podría generar la muerte. El miedo, siempre ha sido una herramienta de vida diaria, pero debes aprender a identificar el real del falso, para poder controlar tus emociones y tener una vida llena de Paz y Felicidad.

Por otro lado, existen personas adictas a las emociones tóxicas, por lo que viven generándose miedo, desequilibrio, adrenalina; se pasan la vida buscando, con ganas de no encontrar aquello que los hace felices, tal parece que valoran mucho el llevar eslabones pesados, cargando día a día su egoísmo, que es tan grande, que nunca están conformes con nada. Aunque realmente lo que llevan consigo es una gran tristeza que no han sabido soltar, deshacerse de ella, para encontrarse con su verdadera esencia, dejando a un lado todas las instrucciones, juicios, críticas y señalamientos que se le dieron y que después ellos mismos crearon.

Estas personas se aburren de la vida misma, se la pasan viviendo con máscaras, para ellos nunca nada es suficiente porque ellos así se sienten, se desestabilizan hasta al respirar, entonces se la pasan generando emociones tóxicas a las que ya están tan habituados, que ni siquiera las distinguen. Esto les provoca que sus emociones exploten, es algo que les sucede inconscientemente, ya que estas personas creen estar buscando lo mejor para ser felices, aunque en realidad es que no han aprendido a generar lazos, ni a ser estables, ni siquiera saben realmente lo que quieren ya que se boicotean ellos mismos para perder lo que les hacía felices. Deseo que este no sea tu caso, porque en verdad te encontrarías en una espiral en la que a veces subes, pero de un momento a otro, ya estás más abajo que nunca, con sufrimiento constante sin darte cuenta de las personas que te aman y que pueden hacerte feliz. Deseo que no sea así, pero te pido analizar a fondo, sin vendas, con el corazón en la mano, sin juicios, ni reproches, ni lamentos, si tú eres una de esas personas y, si es así no te angusties, el que lo hayas reconocido es un gran avance, lograremos eliminar esos eslabones de emociones tóxicas, para que nunca más vuelvas a buscar la desestabilización, para que dejes de boicotearte, encuentres tu centro, el amor y la verdadera PAZ que te hará muy feliz.

Estoy segura que, de no haber tenido ningún miedo muchas cosas en tu vida habrían cambiado para bien, pero la gran mayoría hubieran estado mal. Así que a pesar de las emociones negativas, las tóxicas, los golpes, el dolor, las angustias; hoy cuentas con gran sabiduría, gracias a ese miedo real, el bueno, el que te ha ayudado a sobrevivir sin siquiera notarlo, seguramente el miedo ficticio también te ha dejado enseñanzas importantes, los dos te han golpeado, pero gracias a eso y a pesar del dolor, los dos te han hecho crecer, eres un Ser Hermoso, lleno de Amor para compartir con el Universo, así que no te arrepientas de cada paso dado, aunque hayan sido malos, fueron para mejorar, si aprendiste la lección.

Sin las emociones causadas por el miedo, vivirías de forma tan precipitada, aventurera, se podría decir que hasta temeraria, con lo que pondrías en peligro hasta tu propia vida, ya que te sentirías invencible, lo cual no es cierto, ya que en este mundo estamos solo de paso y somos tan vulnerables como el mismo día, que puede cambiar de un momento a otro sin avisar. El vivir sin miedo lo único que generaría sería la muerte de muchas maneras, no únicamente física.

Muchas personas creen vivir sin miedo, pero este sentimiento de "falta de miedo", lo genera el egoísmo, haciéndoles creer a los egoístas que tienen la razón en todas sus decisiones, provocándolos a vivir de forma tan precipitada que, se la pasan cometiendo errores y, aunque algunas veces crean que les salió todo muy bien, pronto les llegará la verdad a su cara; este tipo de personas, terminarán estando solas.

El miedo Real y el miedo Ficticio

Para comprender muy bien de donde salen las emociones y porqué las generas, tienes que comprender a fondo la manera en la que opera el sentimiento del miedo; éste es un sentimiento muy creativo y adictivo, por lo que, si no existe algún motivo para poseerte, lo inventa, dejándote con dos tipos de miedo de los cuales se derivan un sin fin de emociones.

El miedo Real y el miedo Ficticio; el real tal como la palabra lo expresa, si existe, el ficticio lo provocas; este último es solo tu ego jugando con tu mente para provocarte emociones tóxicas que te atrapan como mosca en telaraña, de la cuál te será muy difícil salir. Esto lo logra poniendo eventos en tu cabeza, mismos que solo se llevan a cabo ahí, sin embargo, los sientes tan reales, que comienzas a imaginarlos, llenándote de imágenes que te llegan a alterar tanto, que comienzas a pensar muy fatalista, perturbando toda tu cadena de emociones, sin importar que exista alguna razón para sentirte bien.

Cuando tu ego se da cuenta de su triunfo, se engrandece inventándote más tipos de miedos ficticios, pensando en un sinfín de cosas que pueden suceder, un mar de situaciones que te pueden llegar a ocurrir de muchas maneras, al estar ya en un estado de terror, poseído por muchas emociones tóxicas, tu realidad se torna con mucho dolor y sufrimiento, inevitablemente causándote además muchos problemas de salud, física, mental, emocional y etérico astral; ya que al enviar la señal de miedo al corazón, como lo viste en la gráfica 2.1 "El Llamado al Universo Desde el Miedo", generas emociones negativas, el corazón empieza a bombear sangre rápidamente, lo cual pone en alerta al cuerpo físico, motiva al sistema nervioso y genera adrenalina que a su vez, motiva al sistema inmune, poniéndolo a trabajar sin descanso; esto hace que se debilite, siendo muy importante mantener el sistema inmunológico fuerte y bien, ya que es el que nos mantiene libres de virus y bacterias, ahora más que nunca por la Pandemia que hemos vivido por el Covid 19, debemos protegerlo liberándolo de miedos inexistentes.

Si necesitas apoyo para no tener miedo, entra a mi página **www.YouTube.com/c/ClaudiaFierro** y busca la meditación "Liberándome del Miedo a Través de la Seguridad".

Identifica y clasifica tus tipos de Miedo

La mejor manera para identificarlos, es viendo si ese miedo esta creado por una Amenaza real en este momento, aquí y ahora. Es evidente que el miedo está aquí y ahora, sin embargo, el motivo de ese miedo, ¿dónde se encuentra? ¿Pasado, presente o futuro? ¿Tienes miedo de algo que puede ocurrir? Eso es futuro; ¿Tienes miedo de que algo que te ocurrió, te pueda volver a ocurrir?, Eso es pasado. ¿Tienes miedo por algo que te está ocurriendo en este momento y, que no puedes evitar? Eso es presente, por ejemplo; Si ahorita vas caminando por la calle y de repente te salen perros de entre los arbustos y te atacan, es un miedo real, ya que es algo que está sucediendo.

Por otro lado, si algún ser querido está padeciendo alguna enfermedad grave, es un miedo real porque está enfermo y no quieres verlo así; por otro lado, sientes una *preocupación real*, que se genera por un *miedo ficticio*, ya que el miedo que tienes es que no mejore o que trascienda, y eso no lo sabes a ciencia cierta ya que es un evento del futuro. Aquí lo malo es que eso puede ayudar incluso también a bloquear el avance de tu ser querido, porque envías la energía de las emociones tóxicas o negativas, de fracaso.

Entonces, para que quede muy claro, miedo real es lo que está sucediendo en este momento y tienes que actuar inmediatamente o no tendrá solución; un miedo ficticio es uno que la mente y el ego traen del pasado o lo inventan para un futuro; la buena noticia es que este tipo de miedo se puede aprender a controlar, por lo tanto, eliminarás en su gran mayoría las emociones negativas, ya que tiene solución, existe algún remedio.

Aquí se muestran algunos ejemplos de Miedo Real, cuando te suceden a ti y/o a tus seres queridos:

✓ *Asaltos*

✓ *Enfermedades existentes*

✓ *Sobresaltos*

✓ *Amenazas*

✓ *Pérdida de vidas*

✓ *Pérdida de cosas materiales*

✓ *Otras pérdidas*

✓ Accidentes

✓ Algún tipo de fobia (Cuando va más allá del miedo)

✓ La oscuridad

✓ A que te descubran (Esto aplica para las personas egoístas y/o mentirosas)

✓ Cuando la ansiedad te posee

✓ Etc.

Cuando un miedo es real dentro de ti se activa un tipo de alerta sísmica, seguida de un temblor de gran magnitud que te sacudirá muy fuerte, Escucharás la voz de tu Yo superior gritar: ¡Peligro! Generándote emociones de alerta que te harán reaccionar inmediatamente y sin pensar. Este tipo de miedo te ayuda a sobrevivir, a veces de formas inimaginables.

Por ejemplo, personas que no tienen tanta fuerza, cuando un ser querido está en peligro sus fuerzas se engrandecen de tal manera, que llegan a cargar cosas muy pesadas o mueven objetos con mucha facilidad, todo para salvar su vida.

En resumidas cuentas, el miedo real activa tu instinto de supervivencia, ayudándote a reaccionar y a tomar acciones sin pensar que te librarán de alguna manera del peligro inminente.

Por otro lado, el Miedo Ficticio que, es el que inventas en tu mente y siempre está hablando en pasado o futuro dejándote incapaz de reaccionar adecuadamente. Provocándote una gran falta de confianza en ti mismo y/o adicción al miedo y a la adrenalina, muchas veces incluso es por querer llamar la atención, permaneciendo en un estado de víctima.

Aquí se muestran algunos ejemplos de Miedo Ficticio, cuando te suceden a ti y/o a tus seres queridos:

* Creencias limitantes, adquiridas por herencia, por la sociedad, gobiernos y religiones

* Enfermedades que "tal vez adquieras"

* Peligros inexistentes, de cosas que te sucedieron en el pasado y temes que podrían estar en el futuro

* Pérdidas inexistentes

* El sentimiento de fracaso, (No voy a conseguir)

* El sentimiento de estar perdido, (No voy a encontrar)

* La falta de valor, (No voy a poder)

* La falta de seguridad, (No le caigo bien) (Seguro no lo logro)

* La falta de autoestima, (Solo me critica, no me valora)

* La falta de pertenencia, (Nunca se fija en lo bien que lo hago, No me ve)

* La soberbia, (Me insultó) (¿Quién se cree?)

* El egoísmo (Esto es lo que a mí me hace feliz, lo demás no importa) (Esto es lo correcto, porque Yo lo sé)

* El egocentrismo, (Ya no me da lo que necesito) (No cubre mis expectativas)

* Pánico constante a la muerte (Seguir dormido, creyendo solo en lo material)

* Estar constantemente viendo la vida de los demás, realizando juicios según tu verdad absoluta

* Etc.

Si te detienes a analizar estos puntos del miedo ficticio, vas a reconocer algunos y a notar que por lo menos el 85% del tiempo te la pasas creándolos, piensa también en las emociones que te generan cada uno de ellos. Tal vez en algunos puntos no creas que se trata de miedo, o no estés completamente de acuerdo, sin embargo, te recuerdo que solo dos sentimientos son reales, el miedo y el amor. Cuando alguna emoción negativa te aborda, en definitiva, proviene del miedo.

Se trata de un miedo que te reúsas a reconocer, lo justificas con cualquier pretexto, dándole la vuelta al núcleo de tu problema, insistes en que "tienes la razón de algo que podría suceder", así tu ego te sigue diciendo: *"¡Cuídate!, porque esto es peligroso" "Tu eres muy bueno, todo lo demás es injusto, debes esperar a que los demás hagan cosas para ti"; "Tú no puedes, no eres lo suficientemente inteligente, fuerte, activo para enfrentar y lograr esto".*

Entonces se genera una mayor cantidad de eslabones tóxicos, con la emoción de angustia y aprietas tu cuerpo en estado de alerta haciéndote muy fuerte y sabio, dentro de una emoción que te aterra pero que, según Tú estás "enfrentando" de muy buena manera.

Unos claros ejemplos de miedo ficticio son cuando te critican, la emoción de enojo salta porque tienes miedo a no ser aceptado o cuando la emoción de frustración económica llega, te molestas pensando que no vas a poder ganar el dinero que deseabas, porque tienes miedo de quedarte toda tu vida de la misma manera en la que te encuentras, así con cada una de las emociones con las que te topes. Analízalas diariamente para que lo verifiques por ti mismo. Pero tendrás que ser muy honesto y quitarte la máscara de "Yo soy perfecto" porque aquí, en este plano terrenal ¡nadie lo es!

Si no reconoces tus miedos es justo cuando te enredas en los eslabones tóxicos, que te hacen caer en un remolino descendente que te llevará a un viaje de fracasos. Dile a tu ego en este momento que aceptas y reconoces tus miedos, tus errores y tus fracasos, para comenzar a liberarte de los eslabones tóxicos en tu cadena de emociones.

El Amor

El amor es ese sentimiento que no puedes ver, sin embargo, sabes que existe, como Espiritualista te digo que el amor es tu esencia, tu Espíritu, tu Luz; es lo que realmente eres, una frecuencia muy alta que hace vibrar al universo entero, es lo que le da vida al ser, al alma, al cuerpo, al planeta, al universo, las estrellas, el sol, a la luna. Somos amor, todos vibramos en esa frecuencia porque así fuimos creados. Gracias a ese Amor hoy respiras explorando un sinfín de emociones diarias, que moldean tu vida marcando claramente tu camino.

Dedica unos minutos al día a observar la creación, te darás cuenta que todo es tan perfecto que no puede venir de ninguna otra frecuencia que no sea el Amor Divino. Desafortunadamente, los seres humanos cambiamos todo a nuestra "conveniencia", cambiando muchas veces los resultados de esta perfección, sin darnos cuenta que estamos acabando con la vida.

Observa a tu alrededor, analiza y date cuenta que todos somos uno, que estamos formados de ese mismo amor, por eso es que se tiene la necesidad de encontrarlo en una pareja, en tu familia, tus hijos, tus amigos, comenzando una búsqueda incansable por todos lados; está dentro de nuestra naturaleza y misión, a eso venimos, a aprender a Amar incondicionalmente.

La situación es que ese Amor que estamos buscando, siempre lo queremos relacionar con el nuestro; de tal manera que, buscas en tus seres queridos, pero sobre todo en esa persona especial, con la que deseas vivir feliz por siempre, un Amor idéntico tuyo, deseando toparte cada vez con la misma frecuencia de Amor que tu emanas. Deseas que sientan de la misma manera que tú lo haces, que piensen y reaccionen como tú lo harías; a pesar de la insistencia y la constante búsqueda, no lo logras, ya que una y otra vez intentas encontrar en esa persona, tu propia esencia de amor.

Uno de los errores más grandes de los seres humanos es buscar fuera de nosotros mismos, lo que tenemos dentro. Siempre se intenta encontrar espejos, se quiere ver en las demás personas, la misma pasión, la misma esencia, siendo algo que nunca se logrará, ya que cada individuo es único e irrepetible. De tal modo que se comienza a confundir el Amor con enamoramiento; hablaremos de esto más adelante.

Tomando los mismos ejemplos del miedo, ahora observa cómo cambian las emociones cuando las generas energéticamente basadas en el Amor. (Imagen 2.2)

1. Canalizas el sentir por el 6° chakra que se encuentra en tu entrecejo y se le conoce como tu tercer ojo, en sánscrito se llama Ajna, significa Yo comprendo o Yo veo, generando un pensamiento acerca de la situación, el cerebro en conspiración con tus juicios y tu ego engrandecido, comienzan a generar miedo fabricándote imágenes espantosas, de las cuales quieres huir, sin embargo, tu Amor interviene, diciéndole al ego que está mal y que no se meta, dándote una seguridad y una sensación de paz indescriptible.

2. Inmediatamente después, tu cerebro comprende que debe obedecer al Amor ya que éste es más grande que el miedo, además de reconocer que tiene razón y entonces envía esta idea pacífica, de triunfo magnificado hacia el 3er chakra, que en sánscrito se le dice Manipura, que es el que nos da la seguridad y se identifica con la frase Yo puedo. Es el chakra del poder que por estar recibiendo el sentimiento del Amor, se empodera diciendo "Si puedo" o "Tengo el poder". En ésa área done se encuentra localizado el chakra, también se genera el sentir del Amor, entonces tu estómago brinca de felicidad, sintiendo en esta ocasión mariposas de alegría.

3. De ahí, el Amor con una sonrisa se traslada hasta el timo que es su casa, casi sin que lo notes; aunque, si

pones atención y sigues la sensación del estómago y sus mariposas, te darás cuenta que sube haciéndote sentir paz y confianza, ahí, en el lugar donde se encuentra el 4to chakra, en el corazón, que en sánscrito se le llama Anahata, el cual nos da Paz, Amor y Tranquilidad, y se le identifica con la frase Yo Amo. Es en ese instante, con el pensamiento unido al sentimiento del Amor, llegando con toda su fuerza al corazón, que comienzas a emanar emociones positivas, muy cercanas a la Paz, Amor, y Tranquilidad.

4. Ya habiendo terminado inconscientemente tu ritual del amor, con los tres chakras involucrados; en un instante te llenas de Confianza, Seguridad, Esperanza, tu ritmo cardíaco estable, tu Cadena de Emociones se fortalece, comenzando a crear eslabones suaves, brillantes, que te llenarán de alegría. Ahora tu respiración está tranquila también, tus músculos relajados, tu cuerpo fuerte, listo para tomar las decisiones correctas, mientras tus eslabones de emociones tóxicas comienzan a desbaratarse, comenzando a caminar más ligero por esta vida. Incluso tu sistema inmune también se fortalece.

Ilustración 2.2

EL Llamado al Universo desde el Amor

Es por estos motivos que deberás enfocarte en el sentimiento del Amor y no volver a permitir que el miedo se interponga en tu camino. Yo sé que estás pensando que no será fácil lograrlo y que no tienes una idea de cómo empezar. No te preocupes más, ¡aquí aprenderás a hacerlo y juntos lo lograremos!

Diferencia entre el Amor y el Enamoramiento

Tal vez ahora comprendas un poco más, porqué es tan indispensable compartir tu vida con una pareja, ¿sacaste ya las conclusiones? Sí, ¡Tú eres amor!, tu frecuencia es amor, vibras en amor, tu verdadera esencia es el amor, entonces

requieres dar y recibir ese amor con todos tus seres queridos, fundamentalmente con esa persona especial; es primordial encontrar el verdadero Amor, pero, ¿qué es el sentir amor? Definitivamente no es tu esencia divina, esa solo es tuya, este Amor, es la frecuencia que te hace vibrar muy alto, que te lleva a volar por espacios que nunca antes habías recorrido; el Amar a otro ser humano permite que tu Amor brille aún más, elevando tu consciencia y tu frecuencia, siendo esto lo que venimos a lograr.

Muchas veces, cuando vemos a una persona enamorada decimos que brilla, porque así es, alcanzamos a ver su esencia, su verdadero Ser. Este es el sentir la emoción del Amor con un enamoramiento, el amar a otras personas es la emoción de entregarles parte de tu verdadero Ser.

Esa emoción de enamoramiento te lleva a querer intercambiar con el otro el sentimiento del amor, para así aprender más de la vida, cuando esto se logra en ambos sentidos, la consciencia se eleva notablemente dejando raíces muy fuertes en cada uno de ellos.

Pero insisto, lo has estado buscando mal, quieres encontrar el Amor que sólo existe dentro de ti mismo. Deberás comenzar a ver más profundamente a las personas para descubrir su frecuencia de Amor y darte cuenta si están vibrando al mismo nivel o no. Si notas diferencias importantes, por favor no te detengas, sigue buscando que llegará pronto la persona correcta, porque ella también te está buscando a ti.

La única vez que podrías encontrar un amor como el tuyo, sería al toparte con tu llama gemela, pero ni siquiera así es garantía de que funcione, y al contrario, es el amor más complicado que existe, ya que te enfrenta a tus mayores sombras, además depende mucho del nivel de consciencia en el que se encuentran los dos, puesto que si no están vibrando en la misma frecuencia, el amor no va a ser el mismo, convirtiendo esto en una situación muy dolorosa, que no querrás vivir.

Por lo tanto, la emoción del enamoramiento es cuando realmente se ama a la otra persona, cuando está profundamente enamorado, sin egoísmo, deseando que siempre le vaya bien, que logre conseguir lo que desea, que sea exitoso, que tenga paz, salud, prosperidad en su camino, que todo esté perfecto para él o para ella y que encuentre la felicidad, sin importar que se esté a su lado o no, y con muchas ganas de luchar por ese amor, sin darse por vencido y, por supuesto, sin miedo a la derrota.

También a veces, las personas creen estar enamoradas, pero es todo lo contrario ya que el Amor puede estar basado también en el ego, el egoísmo o el egocentrismo; sin sentirte ofendido, ya que es algo que todos tenemos; de tal manera que lo que se desea es que esta persona cubra las expectativas, llene las necesidades, actúe de la manera en la que se espera, que no pida nada más allá de lo que se requiere dar. Si solo hace falta a ratos y a veces estorba, entonces no se está buscando la esencia, sino el físico, la materia, esta relación no está cimentada en la vibración del amor, sino del miedo a la soledad, o al miedo de no encontrar lo que se necesita físicamente, ya que no se ha mirado realmente dentro de esa persona, ni dentro de sí mismo, entonces eso no es el sentimiento del enamoramiento, eso

es egoísmo; hablaremos de esto a profundidad más adelante.

Pero si Amor es que lo estás buscando, reconoce conscientemente el miedo que lo impide y libérate de la emoción de inseguridad. ¿Tienes el deseo de amar y crees que debe de haber alguien por ahí en algún lugar escondido del universo que te esté buscando también a ti para ser felices? ¡Estás en lo correcto!, sin embargo va a seguir escondido en ese lugar del universo hasta que tu miedo desaparezca, cuando así sea, tu subconsciente comenzará a generar pensamientos positivos, libérate realmente del miedo, siéntete seguro, así pronto encontrarás a esa persona que te va a hacer feliz, siente que también te está buscando, que ya está aquí contigo, siente esa emoción, ve como palpita tu corazón, manda la sensación de seguridad y felicidad de que ya te encuentras con esa persona especial, que se complementan, que son uno mismo, que son felices y que van a caminar juntos de la mano, sin soltarse jamás, consiguiendo todo lo que se han propuesto, llenos de felicidad.

De nueva cuenta ve al final del libro, a la hoja de Emociones y escribe cuál es tu emoción actual, qué es lo que estás sintiendo después de haber leído toda la información de este capítulo.

CAPÍTULO 3
El Corazón

¿Por qué es importante hablar del corazón?

Quise dedicar un capítulo cortito a este maravilloso órgano que nos hace vibrar, sentir y disfrutar de nuestra vida y ser los Seres Humanos maravillosos que somos. Ahora Tú ya sabes que eres Amor, eres hermoso, perfecto tal y como eres, que esa es tu esencia como lo hemos dicho varias veces a través de estas páginas. EL corazón merece nuestro respeto y admiración, ya que además ahí es donde se encuentra tu Ser. Seguramente has visto imágenes, sobre todo religiosas y de metafísica en donde se muestra el corazón de algunos maestros ascendidos con tres llamas, rosa, amarillo solar y azul. Esta llama permite tu conexión con tú Divinidad, es la que te une a ese Amor Divino, por lo que es necesario mantenerla limpia y radiante para poder en verdad encontrar el cambio que estás buscando, en este link puedes encontrar una meditación que activa tu llama Trina en tan solo dos minutos. Deberás hacerla diario para mantenerla brillante.

https://youtu.be/Gi3zLrKSJtM

La llama Trina: fuerza, sabiduría, amor

Se trata de la Llama Trina, que es la Chispa Divina que habita en tu corazón, por eso es que se relaciona al corazón con los sentimientos y emociones, con el carácter, la nobleza y todo aquello que nos hace vibrar, reír o llorar. Esta consta de tres llamas:

1. Llama Rosa Cristal, que es el Amor Divino que habita en ti. Cuando estás triste, preocupado, de mal humor y con emociones negativas, esta llama es la que más se perjudica y decrece. SI te gustan los Ángeles puedes invocar la presencia del Arcángel Chamuel para que te ayude a sanar y a elevar esta Luz.

2. Amarillo Solar, es la inteligencia universal que existe en ti, cuando comienzan tus dudas, esta Llama decrece, debes trabajar en tu confianza en ti mismo y en tu Dios para que esta llama se intensifique y te provea de la inteligencia colectiva. De igual manera si quieres puedes invocar al Arcángel Jofiel para que traiga a ti, toda la sabiduría que requieres para obtener el conocimiento y las Leyes Universales.

3. Azul, que es la Fe y la Voluntad Divinas, cuando caes en depresión esta llama puede llegar hasta apagarse, es algo que no debes permitir ya que tu vida dejaría de tener sentido. Trabaja en la fe, nunca dejes de creer en ti, en el universo, en tu Dios, y en el milagro de tu vida. Para corregir la frecuencia en esta llama, puedes invocar al Arcángel Miguel, quién además de protegerte hasta de ti mismo, te ayudará a elevar esa frecuencia.

Debes mantener a las tres llamas equilibradas, analiza en qué área de tu vida estás sintiéndote mal, derrotado o cansado y esa será la llama en la que más deberás de trabajar. En el momento en el que estés al fin equilibrado, vas a sentir cómo la seguridad y la paz te rodean.

Con la meditación recomendada activarás tu llama. Tómate dos minutos al día para tu más alto bien. Link: https://youtu.be/Gi3zLrKSJtM

El Corazón es Tu comunicación con el Universo

Otro aspecto del corazón que no debes olvidar, es que él es el responsable de enviar la Frecuencia que emites al Universo, tal y como lo hemos visto, recuerda las figuras 2.1 / 2.2.

Siempre nos hemos esforzado por pensar e imaginar, creyendo que el cerebro es quién envía las instrucciones para que las cosas se hagan realidad, de esa manera intentamos

— 79 —

Decretar, ahora ya sabes porque hasta ahora, no ha funcionado.

¡Aplaude a tu Corazón! Agradécele y hazle saber que lo Amas.

Ve de nueva cuenta al final del libro a la hoja de Emociones y escribe cuál es tu emoción actual, qué es lo que estás sintiendo después de haber leído toda la información de este capítulo.

CAPÍTULO 4
El Arte del Cambio para Controlar Tu Vida

Para tomar el control de tu vida, es necesario reconocer tu Verdadera Esencia ¿Quién eres? ¿De dónde vienes y a dónde vas? ¿Qué tanto te importa lo que digan o hablen de ti? ¿Te han puesto etiquetas? ¿Crees que eres solo un cuerpo físico, que cuando él muera tú dejarás de existir? ¿Le temes a los finales? ¿Cuáles son tus emociones? ¿Qué es lo que sientes? ¿Por qué te sientes así?

El Arte de Controlar Tú Vida.

Es tiempo ya de tomar el control de tu vida, eso lo lograrás únicamente reconociendo tu verdadera esencia, tu verdadero ser, dándote cuenta del infinito de posibilidades que tienes, que no es necesario sufrir por todo y a pesar de todo, que los errores que has cometido ha sido porque no conocías la verdad, así que analiza cada una de las preguntas que se te presentarán en este libro, incluso tal vez ya te las has hecho muchas veces. ¿Sabes realmente quién eres?

Ahora estarás pensando en soy un hombre/mujer que nací el día tal, en la familia tal y mi nombre es tal", junto con más detalles de la actualidad de tu vida.

Te diré que tienes razón, según las normas terrenales basadas en los estándares sociales, religiosos y políticos, eso es lo que eres, así te identifican, colocando muchas otras más etiquetas, si eres exitoso, casado, soltero, con dinero, si posees propiedades, si eres talentoso, si la gente de la que te has rodeado ha sido la adecuada, si has tenido suerte con los hombres o las mujeres, si tienes el físico adecuado, si le vas al partido político correcto, si eres de determinada religión, si cumples sus reglas o eres un pecador, y así podría seguir con muchas más etiquetas, que son las que te han formado provocando que el miedo sea tu motor de vida. Si hoy te sientes exitoso es porque "has cumplido con esas normas y requisitos" pero si te sientes fracasado es porque "no has cumplido debidamente".

Date cuenta que toda tu vida has tenido miedo a esas etiquetas, ya que es la manera en la que te señalan haciéndote sentir bien si cumples, o mal si no cubres sus expectativas. Todas y cada una de las etiquetas que has recibido durante tu vida, te han provocado incluir un eslabón en tu cadena de emociones. Imagina el gran tamaño que tiene ahora tu cadena, imagina su peso y cómo es que la has estado cargando. Es normal que te hayas lastimado, duele física, mental, emocional y sentimentalmente, por eso es normal que tengas dolores de espalda, de piernas y rodillas, de cabeza, insomnio, angustia, mal humor, desesperación, en fin, todos aquellos síntomas que puede provocar el exceso de presión.

Querido mío esa presión solo tú te la has provocado, por querer encajar, por buscar el amor ideal, por encontrar el éxito

tal como se te marcó, por querer obtener abundancia basado en normas, por querer pertenecer a un sistema de creencias limitantes que lo único que provocan es la infelicidad, la no realización. La buena noticia es que estás haciendo algo para cambiar todo eso, ahora que sabes que tú tienes el control la clave está en relajarse, dejar que la sociedad, familia, religión, siga su camino sin presionarte, tú tienes el derecho de elegir lo que a ti te parezca bien, tú puedes tomar el rumbo que realmente te haga feliz, sin preocuparte por el que dirán, cómo te catalogarán, que pensarán de ti.

¡Que NO te IMPORTE! ¡Sé quién quieres SER, Olvídate del qué dirán! Solo tú sabes quién eres realmente, solo tú sabes lo que has vivido, tus ideales, tus metas, lo que sientes, lo que has sufrido, por las cosas que has tenido que pasar, deja de preocuparte por aquellos a quienes les importa un comino tu sufrimiento o esfuerzo que hayas hecho durante toda tu vida, muchos fingen haciéndote creer que les importa cuando en realidad solo se preocupan por ellos mismos.

Así es que desarrollaste el MIEDO a PERDER, el cual se convirtió en tú motor de vida: Miedo a perder a una persona, a la familia, un empleo, el amor, el éxito, la felicidad, la paz, la salud, el dinero, las cosas materiales, un negocio, una competencia, la dignidad, la fama, la fortuna, el estatus, el reconocimiento, la libertad, la vida. Pero no te abrumes, esa es la educación que recibimos todos, nos enseñaron que la muerte es una pérdida muy dolorosa, no solo de vidas sino de pertenencias compañía, amor, presencia, etc. infundiendo el miedo a la pérdida. Es por eso que no te gusta perder en ninguna de sus modalidades.

A la gran mayoría de las personas les aterra la muerte porque saben que es algo que tarde o temprano ocurrirá, saben que tarde o temprano su Alma dejará el cuerpo físico y partirá, pero como el Alma es algo sutil, es difícil comprender y creer que existe, aunque también por eso les intriga saber que pasa después de la muerte, y aunque por más que las religiones se empeñan en hablar de un cielo o de la resurrección, las personas aún "creyendo en ese cielo o en la resurrección", sienten miedo, mucho temor a que cuando su experiencia en esta vida concluya con la muerte del cuerpo físico, su ser y su esencia simplemente se desvanezcan quedando en el olvido, lo que nos lleva a concluir que realmente no lo "creen", sino que es lo que desean "creer" para no sentirse tan mal, aunque la duda les embargue.

Por otro lado, las personas Espirituales seguramente están en el camino del despertar, con la inquietud de saber realmente lo que son, de dónde vienen y hacia dónde van, tal vez han estudiado, leído, aprendido; están indagando sobre nuevas y diferentes experiencias, en busca del contacto con la Divinidad, sabiendo que hay mucho más de lo que les contaron; aunque aun así quedan dudas, porque los Seres humanos se han hecho tan terrenales, tan físicos, tan materiales que si no alcanzan a ver con sus ojos físicos, a palpar con sus manos, no creen nada a pesar de que vivan milagros diariamente, ya que pasan sus días sin percatarse de ellos, una vez que hayan despertado se darán cuenta. Deseo que tú seas uno de los que ya han despertado.

Debes saber que la muerte no existe, porque el Espíritu nunca muere solo trasciende, así que la pérdida no existe,

ni material ni personal, el Universo te pertenece y cuando te des cuenta de ello podrás traer a tu realidad todas las cosas materiales que desees. Libérate del miedo a la pérdida.

Ahora sí llego el momento de transformarte a ti mismo, domina el arte de controlar tu vida y abróchate el cinturón porque estás a punto de subirte a una montaña rusa de emociones. ¡Felicidades y Mucho Éxito!

Primer Paso: Rompiendo con los Eslabones de Emociones Negativas y Tóxicas.

Tu Cadena de Emociones necesita ser liberada de los eslabones de emociones negativas y tóxicas, para ello, primero debes realizar a consciencia, la limpieza de los Chakras como lo veremos en el capítulo 7. Si has trabajado en mantenerlos sanos, ¡mejor! Hazlo de nueva cuenta, estarán más limpios y balanceados.

El beneficio de mantener a tus centros de energía sanos, es que te ayudará a elevar tu consciencia, siendo más consciente de la vida terrenal y espiritual. Una vez que lo hayas hecho, dejarás de tener dudas respecto a lo que realmente eres, con tus centros de energía girando armoniosamente, comenzarás a conectarte con tu Divinidad logrando ver tu realidad, así cuando hayas hecho los ejercicios que hay en este libro, terminarás de una vez por todas de comprender lo que realmente eres y todo lo que existe en ti. ¡No eres un cuerpo habitado por un espíritu, ERES UN ESPÍRITU que habita dentro de un vehículo físico! Así que comienza ya a investigar, así como a descubrir esa Luz que es la que te dará la magia de transformar tu vida a lo que realmente quieres SER. Esta es una guía paso a paso, para liberarte de esas de creencias limitantes que te mantienen atado a los eslabones negativos y tóxicos de tu Cadena de Emociones.

Para empezar a comprender debes saber que no solo cuentas con el cuerpo físico. Aquí te dejo una breve explicación de los diferentes cuerpos con los que cuentas, con el propósito de que los descubras y comprendas el tipo de emociones que llevas en cada uno de tus cuerpos, el físico, mental, emocional, sentimental y etérico-astral:

1. Cuerpo Físico: Ya es bien conocido, es el vehículo en el que transitamos por esta hermosa experiencia llamada vida, dentro del Planeta Tierra. Este cuerpo es de energía densa porque es materia con una frecuencia vibratoria baja, lo cual nos ayuda para poder tocarlo, sentirlo, olerlo y verlo. Gracias a él contamos con los 5 sentidos. Aquí valoras todo lo físico y material.

2. Cuerpo Mental: Tal vez te estás cuestionando por qué a la mente se le identifica como un cuerpo. Te explico brevemente. – Existen varios procesos mentales que forman un cuerpo, el cuál es el vehículo del Alma, es decir, a través de las creencias, la memoria, los pensamientos, la percepción, el subconsciente se expresa hacia el consciente, uniendo la mente racional con la

mente intuitiva, para cumplir con el camino y metas del Alma, este cuerpo tiene una frecuencia vibratoria alta. Gracias a él, generamos millones de pensamientos al día. Aquí valoras todo lo intelectual. Esta es tu esencia terrenal, ya que aquí habita tu consciencia.

3. Cuerpo Emocional. – Este cuerpo es de energía más alta, no se puede ver, tocar, ni oler, pero si se puede sentir ya que es el que nos hace vibrar con cada experiencia. Gracias a él vivimos con intensidad. Aquí valoras la emoción.

4. Cuerpo Sentimental. – En este cuerpo se encuentra tu esencia, el Amor y el miedo. Gracias a este cuerpo reaccionas. Aquí valoras la Fortaleza y seguridad o el miedo.

5. Cuerpo Etérico-Astral. - Este cuerpo es lo que realmente Eres, Frecuencia y Luz, se compone de Espíritu, Alma y Aura. Es el de más alta vibración y energía muy sutil, no se puede oler, tocar y muy pocas personas lo pueden sentir. Algunas personas que cuentan con dones de videncia desarrollados, tienen la capacidad de ver los colores que emite a través de su Aura. Gracias a este cuerpo ERES. Aquí valoras la capacidad de SER.

Aprenderás a dominar el Arte, de tener el valor para Romper con los Eslabones de Emociones Negativas y Tóxicas.

CADENA DE EMOCIONES

Segundo Paso: ¿Qué es lo que te limita?

Es importante que comiences a analizar cuáles han sido tus bloqueos, antes de continuar con las emociones, para ello llego el momento de analizar a consciencia aquellas creencias limitantes que de alguna manera te han bloqueado el camino, llevándote a generar pensamientos negativos con resultados de emociones tóxicas.

Las creencias limitantes son aquellas que te dicen que no puedes, que no mereces, que no vales nada, que no lo lograrás, que no tienes derecho, que te costará trabajo y a final de cuentas fracasarás, que no vale la pena intentarlo, que eres fracasado, que eres insignificante, etc. Estas creencias son las que te fueron enseñando desde que naciste y aquellas que con el paso del tiempo tu adquiriste por alguna mala experiencia que te causo miedo. Estas te han provocado miles de emociones tóxicas a lo largo de tu vida.

Anótalas en el área de "Mis Bloqueos" al final del libro, junto con las cosas que no te permitieron lograr o alcanzar. En caso de que te bloquees y no puedas localizarlas, te recomiendo entrar a mi página de YouTube: www.YouTube.com/c/ClaudiaFierro y buscar la meditación "Encontrando mis Bloqueos" que te ayudará a identificarlas. La he preparado con mucho amor para que logres conectarte con tu Yo Superior de la mano de tus Ángeles.

Cuando lo estés haciendo, deja tu ego a un lado para que no interfiera, ya que bajaría tu frecuencia y necesitas tenerla vibrando alto y balanceada para conectarte. También te re-

— 88 —

comiendo ser congruente con lo que piensas, dices y haces, con lo que sientes y cómo actúas, no solamente durante el ejercicio, sino durante tu vida diaria. Si dices estar despertando, elevando tu consciencia, entonces debes dominar al ego para mejorar tu vida, tus relaciones, crecer, elevar tu frecuencia y despertar realmente a lo que eres, que es Amor. Eso te ayudará también a identificar todas las creencias para eliminarlas.

Tercer paso. – Las 3 Fuerzas más Poderosas que Existen.

Una vez que hayas encontrado tus bloqueos, debes comenzar a limpiar tu sistema de creencias limitantes y tus centros de energía, ya que cuando estos están bloqueados interfieren en algún área de tu vida.

Por lo pronto, llegó el momento de aplicar las 3 fuerzas más poderosas que existen y no me refiero precisamente a las fuerzas del universo como la gravedad, la electromagnética y la nuclear; me refiero a las 3 fuerzas más grandes que existen dentro de ti y ellas son, el Perdón, El Amor y la Gratitud. Son las 3 bases del Ho´oponopono y tienen gran poder. Si estás familiarizado con esta técnica lo debes saber bien. Sin embargo, no es necesario que la domines, únicamente debes sentirlo honestamente y por si solas harán magia en tu vida.

La primera fuerza es el Perdón, ¡Perdona y Perdónate! Las cosas que pasaron, sucedieron por algo, deja de culparte o de culpar a los demás por las cosas que no salieron como esperabas, hay muchas cosas mejores aguardándote, si tienes la intención de encontrarlas. Más allá del dolor que hayas pasado, o de tus temores por el futuro, debes poder enfocarte en el presente. Eso te permitirá soltar las cosas malas, y aprender a disfrutar del aquí y el ahora sin culpas y sin juicios.

Cuando tu utilizas la fuerza del Perdón, estás limpiando recuerdos, angustias, pero sobre todo estás creando una energía muy alta que elevará tu frecuencia ayudándote a encontrar soluciones en donde solo veías problemas. Así que, ¡Perdona y Perdónate! No esperes más, suelta los eslabones tóxicos que llevas en tu cadena con emociones de remordimientos, coraje e impotencia.

La segunda fuerza es el Amor, tenía que ser protagonista en esta área también, ya que para perdonar necesitas hacerlo sinceramente y eso solo puede ocurrir desde el Amor, así que perdona y actúa siempre desde el Amor y por Amor, pensando en el bienestar de los demás, que a su vez te traerá bienestar a ti.

La tercera fuerza es la Gratitud, el agradecer siempre por todo lo que eres, todo lo que tienes, todo lo que te ha dado la Divinidad, el Universo, tu familia, tus seres queridos, etc. Pero sobre todo agradece por perdonar y por perdonarte, ya que al hacerlo estarás reconociendo que nadie es perfecto, que todo sucede por una causa positiva, aunque en el mo-

mento no la encuentres y que tú, como Ser de Luz que eres tienes la capacidad de perdonar desde el Amor que es tu verdadera esencia.

Puedes utilizar la frase de Ho′oponopono para limpiar: "Lo siento, por favor perdóname, te Amo, Gracias".

De igual manera te recomiendo entrar a mi página de YouTube: www.YouTube.com/c/ClaudiaFierro y buscar la meditación "Limpiando Creencias con Ho′oponopono.

Cuarto Paso: el Arte de tener Madurez, Constancia, Disciplina, Paciencia y Estabilidad.

No creas que cambiarás todo de un segundo al otro. ¿Cuánto tiempo tardarás en eliminar las emociones negativas y tóxicas para modificar tu vida? Eso dependerá de tu madurez, constancia, disciplina, paciencia y estabilidad emocional por lo que debes trabajar en ellos para lograr tus objetivos rápidamente. No creas que no hay nada para mejorar, todos los seres humanos tienen muchas áreas de oportunidad

De acuerdo a tu madurez, es que vas a aceptar o no los puntos que has hay a través de estas páginas, estoy segura que muchos de ellos te harán ruido porque cuesta admitir los errores, sin embargo, mientras más rápido reconozcas, más rápido evolucionarás. Si los ves con madurez te felicito, porque aceptar es el primer paso. De igual manera deberás tener constancia y disciplina para realizar los ejercicios, analizar, meditar, comprender y encontrar respuestas.

Sin embargo, las respuestas a veces no son fáciles de encontrar, ya que muchas veces se sabe lo que está sucediendo, pero cuesta mucho trabajo encontrar el por qué. A veces es tan grande el dolor, que te ciega, dejándote sin encontrar opciones más que el sufrimiento. Si eso te llega a pasar ten calma, la paciencia te llevará a encontrar la estabilidad en el Alma, intenta practicar el arte de la Resiliencia, que es la capacidad de anteponerse al dolor, permitiéndote desarrollar conductas positivas ante él, de igual manera te ayuda a manejar el estrés, las amenazas y los conflictos. Si después de un tiempo no lo logras y permaneces con dolor por lo sucedido, no esperes más y busca ayuda, a veces es necesario que alguien te acompañe a trascender el dolor antes de caer en el abismo del sufrimiento.

De modo que deberás ser paciente y, encontrar tu ritmo y tu tiempo, ya que es muy importante que en verdad cierres cada ciclo, no debes por ningún motivo dejar alguna emoción abierta ya que en lugar de mejorar empeorará. Busca y encuentra tu estabilidad emocional, si eres una persona que cambia mucho de humor, te recomiendo hacer la limpieza de Chakras cuanto antes y meditar todos los días durante media hora por lo menos. El tiempo lo dictará tu determinación. Sé maduro, ten constancia, disciplina, paciencia y estabilidad, no permitas que la vida te engañe con trucos y, que el ego hipnotice a tu inteligencia.

Algo muy importante que debes saber porque probablemente en algún caso te llegue a doler, es que, en el camino

de tu evolución y cambio, muchas personas se irán. No debes sentirte mal por eso, ni extrañarlos, son personas que ya no estarán en tu nivel de consciencia. No estoy diciendo que estén más abajo, aunque muchos sí lo estarán, cuando ese sea el caso, ellos se irán ya que se sentirán incómodos a tu lado, pero también muchos podrán evolucionar más rápido que tú, y eso a ti te incomodará de alguna manera, en este caso serás tú quién se vaya. Lo importante es no perder el foco de que las personas que se queden a tu lado, y tú al lado de ellas, porque definitivamente son las que te harán crecer y ser una mejor versión de ti mismo, las que no aporten nada, lo mejor despedirse de ellas amorosamente.

Ahora es tiempo de comenzar con el aprendizaje, deseo que cada palabra te retumbe en el corazón, para que logres abrir tu mente, instalarte en tu Consciencia y ser honesto contigo mismo.

CAPÍTULO 5
La Profundidad de las Emociones (El Análisis)

Diferentes teorías, según filósofos, científicos, psicólogos y fisiólogos.

Hagamos un viaje a la profundidad de las emociones con el propósito de analizar y examinar muy detalladamente cuáles son las emociones, cómo se forman, qué piensan y qué se ha dicho a lo largo de la historia sobre ellas.

Muchos han expresado su opinión ellas, filósofos, científicos, fisiólogos, obviamente gente espiritual, de yoga, espiritualistas, místicos, religiosos, todos estamos involucrados con las emociones, todos tenemos nuestro punto de vista muy especial, a todos nos parece fascinantes, sin embargo las emociones son tan místicas, tan especiales, tan personales, tan propias, tan diferentes, que no se ha podido llegar a una clara referencia, a una descripción real en el que todos los involucrados, estemos de acuerdo. Existen muchas definiciones.

Todos tenemos nuestro punto de vista personal acerca de ellas, dependido de la manera en que cada uno ha vivido, de la manera de cómo hemos percibido el sentir. Por supuesto los que estamos dentro de una misma rama, es decir, entre psicólogos o entre espiritualistas hemos crecido tal vez con la misma búsqueda, las mismas enseñanzas, al menos muy similares, por lo que nos encontramos en la misma vibración, entonces podemos coincidir en algunas conclusiones, algunos otros no porque su nivel de frecuencia y sus vivencias han sido diferentes. Así ha sido el debate por las Emociones durante muchos años, se podría decir que durante siglos de vida y aún no logramos estar de acuerdo.

El Análisis Espiritualista de las Emociones.

Para no confundirte, te daré únicamente mi análisis personal como Coach Espiritualista, de acuerdo a mi vida, mis experiencias, estudios, investigaciones, pero sobre todo en base a mis lágrimas, risas, corajes, frustraciones, alegrías, triunfos y mi sentir. Durante mi camino, muchas emociones han estado conectadas a mi Espíritu, exprimiendo mi Amor y mi miedo, llena de sentimiento, emoción y sentir, venciendo cada vez al miedo para envolverme del Amor que Yo Soy, ese mismo que Tu Eres y que te voy a enseñar a encontrarlo para lograr vencer al miedo que existe en ti, y con él dejar a un lado el dolor y sufrimiento.

A pesar de los golpes, aprendí a disfrutar cada una de las emociones, a conocerlas, ir al fondo de su causa, dándome cuenta que lo que nos da la vida, es precisamente eso, las emociones impregnadas de sentimientos; son ellas las que

te hacen sentirla, vibrarla y caminarla, tus emociones son las que marcan el camino, ellas son la gracia divina de saber que estás vivo y estremecerte al sentirlo.

Ya vimos cómo surgen las emociones en los ejemplos basados en el miedo y en el Amor, ahora revisemos cómo se forma toda esa complicidad que desencadena un gran torbellino formando tu cadena de emociones. Todo este sentir alegría, paz, amor, tranquilidad, intranquilidad, tristeza, miedo, etc. *¡Surge a partir de un Pensamiento!* ¡Sí, estás leyendo bien!, es un solo pensamiento el causante de tanto revuelo a lo largo de tu vida, cada pensamiento se empodera generando pensamientos similares, cada vez más fuertes, para así ir formando y revolucionando tu vida, que a su vez revoluciona muchas otras.

Tal vez nunca hubieras imaginado la importancia que tiene ese instante en el que se genera tu pensamiento, un momento que marca tu vida y la de las personas involucradas. Tal vez para ti solo ha sido algo sin importancia, porque nadie te enseñó a ver el panorama completo, el fondo y trasfondo de lo que provoca un simple pensamiento.

No debes juzgarte ni criticarte, ya que cada uno de ellos se forma de acuerdo a la percepción de lo que sentiste en ese momento, por alguna acción, palabra, o situación, es solo un instante en el que brinca una chispa de tu subconsciente, llevándolo a tu consciente, la mente lo recibe impactando tu sexto chakra, provocando que te percates de la situación en la que te encuentras. Tú ya consciente de lo que ocurre percibes el sentir reproduciéndolo en un pensamiento.

Ese pensamiento comienza a tomar la forma que tu imaginación le está dando; puede ser normal, hermosa o terrorífica. Sin importar como sea, así sin filtros lo transmites a tu tercer Chakra, generando energéticamente las emociones como ya lo vimos en el capítulo 2. Ahora bien, basado en cómo lo hayas percibido, si desde el Amor o el miedo, será la respuesta y creación de las emociones que se formen.

Proveniente del miedo, te pegará como patada de burro, tanto en el estómago mediante el tercer chakra, como en el corazón, por el cuarto chakra. Siendo ahí que comienza a causar dolor físico, mental y espiritual. Aunque no lo creas te pega en todos tus cuerpos sin darte cuenta, es por eso que muchas veces, de esas emociones tóxicas incluso brotan enfermedades.

¿Te das cuenta?, todo este alboroto nació de un solo pensamiento y la manera en que lo canalizaste. La canalización es la parte que más trabajaremos durante el recorrido de estas páginas, para lograr que tu vibración y consciencia se desarrollen a partir del amor, dejando a un lado el miedo. Con los ejercicios podrás comenzar a cambiar tu percepción, liberándote del dolor y el sufrimiento.

Así es que cada una de tus emociones, buenas, malas y regulares surgen de un pensamiento que activa tus centros de energía (Chakras), para causar las emociones, te pido que te detengas a analizar y a revisar cada uno de tus pensamientos cuando algo importante surja. En la parte final del libro encontrarás un área de análisis de pensamiento, apunta los pensamientos que identifiques que te están causando algún

tipo de emoción, anota de igual manera la emoción y si es positiva, negativa, tóxica o combinada.

Te darás cuenta que un solo pensamiento negativo provocará malestar en ti, cambiará el rumbo de tu vida y te hará tomar decisiones diferentes y seguramente incorrectas, aunque las veas como correctas en el momento. Incluso provocará en muchas ocasiones que digas cosas que realmente no sientes, provocando situaciones desagradables que te llevaran a peleas, a perder a seres queridos o importantes en tu vida y a malos ratos, solo por un pensamiento que llegó a ti generado desde el miedo, sin que lo hayas sabido controlar. Esa es la importancia de que los apuntes y veas que emociones te generan, los diferentes tipos de pensamientos que tengas, para que cuando llegues a la parte del ejercicio del Laberinto del Séptimo Rayo 7°, tengas referencias de lo que debes trabajar para tomar el control de tu vida.

Una vez que aprendas a identificar los pensamientos negativos, podrás modificarlos basándote en el amor, que es el sentimiento que te da tranquilidad, seguridad y asertividad. Si lo haces así obtendrás muy buenos resultados. Y si es una situación que no puedes modificar, tampoco te perjudicará si la está recibiendo y viendo desde el Amor. De cualquier manera, comienza desde ya a cuidar tus pensamientos que ellos a su vez cuidaran tus palabras, actos y desarrollo de vida.

El Arte de Manejar los Pensamientos

En este libro he revelado varios secretos para saber decretar, lograr traer a la realidad tus sueños, de manera que deberás ser mucho más cuidadoso con tus pensamientos, ya que contarán con gran poder y serán de gran importancia en tu vida presente y futura. Sobre todo, deberás prestar especial atención a aquellos que se repiten varias veces, circulando por tu mente sin dejarte en paz.

Hay pensamientos que son obsesivos, esos que se repiten una y otra vez, sin dejarte descansar. Cuando aparece este tipo de pensamiento comienza a generar inmediatamente pensamientos hermanos que le dan mayor fuerza por lo que si se trata de pensamientos tóxicos, estos traerán grandes problemas, en caso de que sea algún pensamiento positivo el que se esté haciendo obsesivo, ten mucho cuidado de igual manera ya que puede convertirse en tóxico de un momento a otro, cuando empiezas a encontrar trabas o algún tipo de frustración al respecto, así que procura identificar cuando un pensamiento comienza a hacerse obsesivo, para que de inmediato hagas algo al respecto.

De igual manera existen pensamientos que solo duran unos cuantos segundos, incluso a veces ni te acuerdas que era lo que estabas pensando y te da trabajo recordarlo. Estos pensamientos no tienen tanta fuerza por lo que por lo regular son inofensivos. Por otro lado, si se trata de algo positivo, será mejor que lo recuerdes y lo apuntes e intentes generar buenos pensamientos hermanos para que puedas traerlo a la realidad, de lo contrario desaparecerá.

Ahora recordemos que las emociones junto con el desarrollo de vida, comienza con un pensamiento al que le insertas un sentimiento que genera una emoción dándole vida y forma a tu vida. Aprende a manejar el arte de los pensamientos, a partir de ahora cada vez que te aborden pensamientos negativos, inmediatamente transfórmalos a positivos. Por ejemplo, si algo te da miedo atrayendo a tu mente cosas negativas, en ese mismo instante puedes decir, "Este pensamiento lo cancelo porque Yo Soy seguridad, solo cosas buenas me suceden a mí y a mis seres queridos".

Siempre busca la luz dentro de la oscuridad, ¡ahí está! ¡encuéntrala!, es el secreto para transformar tus pensamientos, salir del victimismo y del pesimismo, comenzar a creer que puedes lograr lo que te propongas, porque así es. Tal como lo leíste en el capítulo 4, no hay oscuridad que apague tu Luz, no existe, a menos que tú se lo permitas y eso sería a través del miedo y los juicios. Libérate del miedo y reconoce la perfección en todos los Seres.

Tu vida junto con los resultados que has conseguido a través de ella, han sido por tus pensamientos. Yo te pregunto ahora, ¿Qué clase de vida te gustaría comenzar a formar? ¿Será de Amor, éxito, salud, paz y prosperidad? ¿No me equivoco verdad?, entonces ¡así deben ser tus pensamientos!, procura mantenerlos dentro del Amor, paz, éxito, salud y prosperidad, no solo para ti, también para el resto del mundo. Desea siempre lo mejor para cada persona con la que te cruces. Cada deseo te será devuelto multiplicado, esa es una ley de vida.

¿Porque las Emociones Marcan Tú Camino de Vida?

Primero para fortalecer la comprensión de lo que hemos hablado sobre la manera en que se forman tus emociones, es necesario recalcar que el amor y el miedo existen en todos, no hay nadie que se libre de ellos. Aún en las personas más valientes, exitosas o asertivas existe el miedo y en las más tristes, decepcionadas y miedosas existe el amor. Desafortunadamente no todos lo reconocen y mucho menos lo aceptan, así que pondré unos ejemplos para aclarar firmemente a qué me refiero cuando digo que tus pensamientos están basados en el sentimiento del amor o el miedo.

Todo comienza con la forma en que se generan energéticamente las *emociones*, ya que la existencia de todas ellas surge a partir de un *pensamiento* causado por alguna acción o palabra en la mente. Puedes repasar el segundo capítulo, figuras 2.1 / 2.2 "El Llamado al Universo". Ahí entre la complicidad de los Chakras 6°, 3° y 4°, surge la instrucción de Amor o miedo de acuerdo a tu percepción. Tu corazón (cuarto chakra) es quién da órdenes al universo para que te entregue lo que estás solicitando. Esa es la manera real en que has formado tu vida, basada en el miedo o el Amor, las cuales marcan tus triunfos y tus fracasos, ya que cada emoción te activa una acción positiva, negativa o tóxica.

Es por eso que cada quién tiene un camino diferente, ya que se basa en los pensamientos que activaron todo el ritual para crear emociones. Mientras más rápido comprendas que

el miedo es falso porque tu esencia es el Amor Divino, más rápido elevarás tu nivel de consciencia ayudándote a ver la vida como realmente es. Tú decides, nadie más lo hará por ti.

Una muestra de cambios en un camino de vida puede ser, por ejemplo: Una persona de 25 años, sana, que hace ejercicio, un día se encuentra en su club deportivo, el cual tiene una alberca enorme con tres trampolines de diferentes alturas, sin embargo, se ha atrevido únicamente a aventarse del trampolín pequeño, mientras ve cómo otras personas se divierten aventándose del más alto, cada vez que las ve, piensa en decidirse de una vez por todas a aventarse de ese trampolín. Pero ese pensamiento viaja a su chakra del poder, inyectándolo con emociones de miedo e incertidumbre, entonces su pensamiento comienza a generar pensamientos hermanos, "no puedes", "está muy alto", "te puedes lastimar", "mejor tal vez para la siguiente ocasión", etc.

Sin embargo, en ese momento se decide, sin darle importancia a su pensamiento negativo, camina hacia el trampolín grande, sintiendo mucho miedo, se sube y se avienta sin fijarse en la manera de hacerlo por estar peleando entre su pensamiento y su sentimiento de miedo; mientras que su corazón con toda su fuerza, todas sus neuronas y toda su magnificencia, lanza ese pensamiento negativo con esa emoción de miedo al universo. En ese momento las frecuencias del universo perciben lo que esta persona está sintiendo aquí y ahora, su aura emana colores de frecuencias bajas y el universo los capta.

La vibración que está proyectando es la fuerza del pensamiento con el sentimiento unidos, es tan fuerte que el universo, la divinidad, siente que eso es lo que desea recibir y que está listo para hacerlo. Entonces a la hora que se lanza de ese trampolín, con ese miedo emitiendo energía negativa o de baja frecuencia, llevándolo a obtener lo que, por supuesto no está deseando, pero sí pensando con tanta intensidad, que provoca que suceda. Es así, porque esa fue la señal que esta persona envió, pero que muchas veces a ti, a mí, a todos, nos sucede lo mismo.

Entonces al momento de caer al agua con todas estas energías negativas confabulando en su contra, cae mal provocándole un golpe sin importancia pero que duele, en ese mismo momento, su mente en complicidad con su ego, le recuerda que se le advirtió sobre el peligro, que debió hacer caso a su pensamiento, recalcándole con otro pensamiento que le creará la emoción de la culpabilidad, pensando que pudo haber sido peor, dejándola con el mismo sentimiento de miedo, o aún mayor, con nuevas emociones de frustración y tristeza.

Ese pensamiento mal enfocado con el miedo, pudo provocar que sucediera ese leve accidente, ya que esa es la señal que el corazón recibe y envía al universo, provocando que fuera caminando con miedo, mientras sus piernas se entumían, desvaneciendo su capacidad de actuar correctamente, toda esta complicidad sucedió sin darse cuenta alguna, porque esa cadena de emociones que generó, fueron por pensamientos en su mayoría provocados en el subconsciente. Y, en definitiva, sí pudo haber sido peor.

Por el otro lado, si esta persona hubiera basado su pensamiento en el Amor, entonces hubiera provocado emociones positivas que le hubieran ayudado a actuar de manera correcta, previniendo cualquier cosa para que todo saliera bien, incluso

si se suscita algún tipo de accidente, con una mente clara, las reacciones, reflejos y pensamientos suceden de la mejor forma, habiendo librado de buena manera el peligro, disfrutando del momento.

En resumen, todos los pensamientos junto con los sentimientos forman las emociones, que a su vez atraen a tu realidad lo que estás sintiendo, porque es la orden que envías al Universo a través de tu corazón, de tal manera que es imperante comenzar a modificar esos pensamientos con Amor.

Cuando tienes pensamientos negativos, con emociones tóxicas, muy similares al ejemplo que acabamos de ver, es muy probable que vaya a salir algo mal, porqué esa es la orden que tú envías. Es tiempo de comenzar a buscar las cosas positivas en todo momento, si continúas con pensamientos de carencia, de negatividad, de miedo, así será el desarrollo de tu vida, siempre con miedo a triunfar poniéndote trabas a ti mismo. Así es como surge la vida misma, pero para cerrar con este capítulo, te doy la buena noticia que esto que estás aprendiendo cambiará tu vida si lo llevas a cabo, ya que estás descubriendo la fórmula secreta de decretar, de traer a la realidad tus sueños:

Mente + Pensamiento + Sentimiento = Emoción

Emoción = Decreto / Orden al universo para que te proporcione lo que estás solicitando por medio de tu Sentir.

Figura 2.1 "El Llamado al Universo desde el Miedo"

Figura 2.2 "El Llamado al Universo desde el Amor"

Emociones Positivas, Negativas, Tóxicas, Combinadas

No hay porqué tener miedo a tus pensamientos y emociones, ya que ellos forman tu existir. Aprende a valorar y a disfrutar cada uno de ellos, aprende cada lección, no las ignores, esa es una de las claves. Tal vez pienses que es algo imposible, pero créeme, se puede y una vez que lo logras, es como si 100 kilos de algún metal pesado se extrajeran de tu cuerpo. En el momento mismo que aprendas a ver desde otra perspectiva todo lo que sucede en tu entorno, comenzarás a comprender por qué sucedió y todo lo bueno que ha traído a ti. Cada emoción sentida ha sido para llenarte de Luz y, eso es algo que aprenderás a agradecer y a amar.

De aquí en adelante, la clave para librar malas decisiones que a la larga o en corto tiempo te vayan a causar sufrimiento por haber equivocado el camino, está en aprender a distinguir los diferentes tipos de emociones que existen; de esa manera comprender cuáles te benefician y cuáles te perjudican con el fin de controlar y modificar éstas últimas. Además, es muy importante comenzar a descubrir la lección detrás de cada una de ellas, que fue lo bueno que te dejó y a donde te llevó.

1. *Emociones Positivas*. – Como ya lo hemos visto, son las basadas en el sentimiento del Amor, por lo que te generarán emociones positivas. Siempre te mantendrán con la mente clara y abierta para tomar decisiones de la mejor manera posible.

Cuando estás con las emociones positivas, te conviertes en un imán de la buena fortuna, las cosas empiezan a darse de maneras inesperadas, todo se acomoda en su lugar con el menor esfuerzo. Claro que no se trata solamente de pensar y sentir, también deberás hacer algo al respecto, para que esto suceda.

Muchas veces a pesar de que tus pensamientos estén generando emociones positivas, las cosas no saldrán de la manera que estás esperando. Algo muy importante es no crear nunca expectativas, tú sólo ocúpate de crear tu pensamiento con la emoción de que ya lo tienes concedido, el universo se encargará de proveerte de la manera correcta, siempre será por tu más alto bien. Debes saber que a veces nosotros creemos que algo es para nuestro bien, cuando en realidad no lo es. Confía en tu Divinidad, en tus seres de Luz, ellos saben más y agradece lo que tienes.

2. *Emociones Negativas.* – Tristemente, estas emociones son en las que más se generan en todas las personas, por supuesto también en ti, aunque en este momento no lo creas. La mente confabulada con el ego la mayor parte del tiempo, ayudan a generar pensamientos caóticos, de impotencia, carencia, recordándote lo difícil que es, lo mucho que tendrás que trabajar, lo poco que tienes, lo peligroso que es, lo mucho que te traicionaron, en fin, una abundancia de imposibilidades que te mantiene con pensamientos negativos.

Obviamente estos pensamientos te generarán emociones alteradas, negativas, haciéndote sentir insuficiente para lograr el éxito en esa situación que estés pensando. Dependiendo del nivel de miedo que exista en ese pensamiento, podrás actuar de mal a muy mal, pero definitivamente no irás a tomar las decisiones adecuadas para lograr tus metas, y no depende de tu inteligencia, esto es porque cuando una emoción negativa se apodera de ti físicamente, mentalmente y espiritualmente, tu manera de pensar, actuar y sentir ya no será la misma.

Curiosamente, aunque estas emociones sean por cosas que no quieres que sucedan; créeme van a suceder, en un menor o mayor grado, pero el universo te lo concederá, porque para él tú estás pensando, sintiendo y deseando eso por lo que estás vibrando.

Tal vez ahora comprendas por qué no obtuviste aquél empleo que tanto deseabas, o porque no estás con tu pareja ideal, las fallas el amor, con el dinero, la salud, la familia, los amigos, los viajes, los momentos, todos comenzaron con un pensamiento basado en un sentimiento de miedo, que te llevó a obtener esta emoción, que a su vez dio la orden de fracaso al universo para que se cumpliera.

De aquí la importancia de identificarlas y comenzar a cambiarlas para usarlas a tu favor. Tal vez pienses que es imposible pero no lo es, difícil tal vez sí, porque deberás cambiar todo lo que has aprendido hasta ahora.

En el capítulo 10 encontrarás el ejercicio de "El Laberinto del Séptimo Rayo 7°", que te ayudará a lograrlo,

únicamente deberás tomar acción al respecto. Mientras tanto continúa con la identificación de tus emociones y pensamientos, anotándolas al final del libro en las páginas correspondientes.

3. **Emociones Tóxicas.** – Estas son muy similares a las negativas, únicamente que en éstas piensas que estás bien cuando no lo estás, aunque muy dentro de ti, lo sabes.

La Tóxica es la más letal de todas, porque es a la que te querrás aferrar, aunque te esté matando.

Paradójicamente, la mayoría de las emociones que se convierten en Tóxicas, son cuando de amor se trata. Es decir, cuando amas algo o a alguien tanto que comienzas a colocar velos sobre tus ojos, si las cosas comienzan a cambiar o a ponerse negativas, colocas más velos sobre tus ojos, dejando el raciocinio a un lado cegado por tus emociones, de tal manera que comienzas a caer en una espiral sin fondo y, a pesar de que sientas que te ahogas tú te aferras a creer que tu emoción es la correcta, olvidando que en esta película no solo estás tú, por lo que haces a un lado sin importarte, las emociones de las personas involucradas y los factores externos.

Este amor se transforma en un "amor con dolor", incrementándose cada vez más, entonces lucharás y te empeñarás en ello por mucho tiempo, hasta que tu camino se mueva por algún otro motivo ajeno a tu sentimiento y muy a tu pesar. Es complicado comprender porque a algunas personas les gusta vivir con dolor, sufriendo, pensando que en algún momento todo cambiará, porque ellos están en lo correcto, porque tienen la verdad absoluta.

Si has sentido mucho amor por una persona que no te corresponde, por un empleo que no pudiste desempeñar correctamente, por cualquier circunstancia personal o ajena, por tu familia, que te ha hecho desear que piensen y actúen de determinada manera, por amigos o conocidos que estás esperando que sus reacciones sean como serían las tuyas, topándote con pared porque no ha sido así, entonces lo único que has encontrado es frustración por no tener lo que deseabas, generando emociones tóxicas.

Analiza y apunta en el área de emociones tóxicas, cuáles son las que tienes; recuerda que la mayoría de ellas son aquellas que te hacen sufrir, pero te aferras a ellas por "amor".

Cuando tu Ser empieza a vibrar entre el miedo y el amor, el universo se confunde, siente tu miedo y amor unidos. Mandando frecuencias intermitentes en estos casos, que te mantendrán alimentando tus emociones tóxicas, pero con movimientos entre la gloria y el infierno.

4. *Emociones combinadas. – Una emoción combinada es aquella con la que piensas que algo va a estar muy bien, sin embargo, automáticamente tú solito boicoteas ese pensamiento.* Un ejemplo que suelo poner muchas veces, es el pensar que vas a comprar la lotería

para ganarla, inmediatamente después con una milésima de segundo de diferencia, ya estás generando otro
pensamiento que dice "Yo nunca me he sacado ni el reintegro", automáticamente bloqueaste el pensamiento
positivo, enviando la señal de miedo con emociones negativas. Tal vez si comienzas a hacerlo al revés, te funcione. Es decir, cuando te des cuenta que estás bloqueando una emoción positiva con una negativa. Comienza a
propósito de nuevo. Piensa que nunca te has ganado ni
el reintegro, pero en esta ocasión ganarás la lotería. Un
poco más adelante se amplía el tema sobre este tipo de
emociones.

Este tipo de emociones es a las que debes prestar más
atención, ya que es la parte oculta en ti, que boicotea
tu crecimiento, tu felicidad, tu salud y prosperidad. Es
importante reconocer cuando te estás haciendo daño a
ti mismo. De igual manera, si es necesario, apúntalas en
un papel, aunque puede haber otras más, éstas son las
más comunes:

- Olvida las emociones de *Carencia*, ya que eres un Ser
  abundante, simplemente observa a tu alrededor y ve
  todas las maravillas que existen. Tú eres parte de toda
  esta magia; comienza a generar emociones de *Abundancia*, deja de sentirte Carente de emociones, dinero, salud, amor, gracia, felicidad, paz, suerte, atención,
  apoyo, etc. Tú solo creas esas carencias por la emoción
  de sentirte de esa manera, será mejor que decretes tu
  Abundancia.

- Deja de ver tan de cerca el *Fracaso*, esa emoción te traerá muchas otras que impedirán tu crecimiento; en su lugar busca las emociones de Éxito y logros para que puedas completar los sueños y metas que te has trazado.

- Olvida las críticas que puedan hacerte, solo te generarán emociones de *Inseguridad*. Tú eres un Ser muy valioso y así debes verte, generando emociones de *Valor* y *Amor Propio*, para que nada ni nadie te detenga.

- Comienza a estar contigo mismo, para que las emociones de *Abandono* se esfumen. Siente cómo tu Magna Presencia estará haciéndote compañía por siempre, genera emociones de *Plenitud* personal, no requieres a nadie más.

Dentro de estas clasificaciones que hago, existen cientos de emociones, aunque por lo regular se tienen reconocidas solo unas pocas. En el capítulo 9 encontrarás una lista amplia de algunas de ellas para que las puedas identificar y clasificar, analizando si tú las has sentido o si viven contigo permanentemente.

En este punto, quiero recalcar que el amor y el miedo, también existen como emociones, ya que no podemos descartar la emoción de sentir amor o miedo. El amor, como el enamoramiento, el miedo como cuando sentimos ese escalofrío de algo que vemos o escuchamos y nos da terror, éstas también son emociones.

De tal modo que, como lo dije en un inicio, tus emociones son las responsables de la vida que tienes hoy, de las experiencias que has tenido y del camino que has recorrido. Todos somos guiados por ellas, motivo por el cuál durante tu vida sentirás un sinfín de emociones, incluso algunas religiones o muchas o todas, marcan algunas emociones como pecados, la ira es una de las que se encuentran en esta categoría.

El Secreto detrás de las Emociones surgidas desde el Amor

Sé que es complicado pensar que ya todos tus pensamientos surgirán desde el Amor, ya que llevas algunos años transitando por esta vida en la cual, has tenido una determinada educación, vivencias, éxitos, fracasos, amor, desamor. Algunos han dejado huellas más grandes que otras, pero cada momento, como cada persona en tu vida, ha contado para determinar tu carácter, deseos, gustos, principios, necesidades, metas, etc. llevándote por caminos por descubrir, con unas creencias limitantes que te han inculcado el miedo como motor de vida, que incluso ahora piensas que es imposible vivir pensando todo desde el amor. Tu ego debe estar diciéndote que el miedo en ti, debe seguir existiendo y claro, porque es de lo él se alimenta.

A lo largo de tu vida, fuiste creciendo, transitando por tu camino, topándote con situaciones y personas diferentes, cada vez has entrado con todas tus fuerzas creando las mejores expectativas, en algunos has triunfado en otros no, eso ha provocado que tu seguridad crezca o se desvanezca.

Seguramente te has topado con personas que son muy exitosas y, quisieras ser como ellas, este simple pensamiento es algo imposible, ya que cada uno somos un ser único e irrepetible, así mismo lo son las experiencias y vivencias, no quiero decir con esto que no puedas ser muy exitoso, ¡claro que sí!, pero en tu esencia propia. Cada quién nace en diferente cuna, con posibilidades abiertas o cerradas, dependiendo en la familia que haya nacido y, que quede muy claro, no me refiero a clases sociales, sino a la Luz y Amor o a la sombra y el miedo que habita en cada familia.

Todos desean triunfar, algunas personas se les ha facilitado más transitar por esta vida, han tenido más herramientas para lograr triunfos, para tener éxito, como sea que lo veas. Sin embargo, algunos lo han logrado con y sin herramientas facilitadas, mientras que otros no. Esto quiere decir que no importa cuánto hayas tenido de regalos materiales, lo que importa es tu actitud, que viene de un Espíritu fuerte, positivo y emprendedor, en pocas palabras la Felicidad no depende de las herramientas que te facilitaron u obtuviste por tu cuenta en la vida, no se trata de dinero, o de cosas materiales, sino de estabilidad mental sentimental y espiritual. Cada quién forma su idea de la felicidad, cada quién requiere de cosas diferentes o similares, unos más que otros, pero a final de cuentas, la Felicidad se obtiene gracias a dejar a un lado las creencias limitantes, comenzando a formar pensamientos unidos al sentimiento del Amor, que te generarán Emociones

positivas de frecuencia alta, llevándote a viajar por un universo de paz, armonía, felicidad, fe y confianza en ti mismo. Amarte y respetarte provocando como consecuencia, Amar y respetar el Todo, atrayendo hacia ti buena fortuna y abundancia positiva.

Las Emociones y sus Consecuencias.

Aunque no lo parezca y se hable muy poco sobre ello, las emociones tienen gran importancia en la vida, ya que como lo hemos visto repercuten en la salud física, mental, sentimental y etérico astral.

Físicamente reforzamos el sistema el sistema inmunológico al crear emociones positivas y, en caso de crear emociones tóxicas, producen un efecto perjudicial en la respuesta inmune y en el sistema endócrino.

Mentalmente las emociones tóxicas pueden provocar que la mente enferme, modifica el sueño, deja de disfrutar y de importarle la vida, se pierde la energía, llegan malestares repentinos, pierde la fe y esperanza, utiliza drogas, puede sentirse confundido, olvidadizo, enojado, molesto, preocupado o asustado con fuertes cambios de humor que ahuyentan a sus seres queridos, y los pensamientos y recuerdos del pasado surgen una y otra vez sin poder liberarse de ellos, puede llegar a ser tan severo que le pueden llegar pensamientos negativos para lastimarse a sí mismo o a alguien más. Si por el contrario generas emociones positivas, tu mente estará sana y en paz, libre de malos pensamientos.

Sentimentalmente las emociones tóxicas te provocan inestabilidad, llevándote a lastimar a tus seres queridos, aún sin desearlo y, si generas emociones positivas, estarás listo y dispuesto a llevar relaciones sanas, cordiales en las que te será muy fácil encontrar la felicidad.

Etérico-Astral. - Cuando decimos esa palabra nos estamos refiriendo a tu Espíritu, Alma y Aura. Imagina todo lo que puedes hacer generando pensamientos positivos. Tu Luz, tu conexión, tu sabiduría espiritual serán cada vez más profundas y elevadas, en cambio sí generas emociones tóxicas, puedes despedirte de la conexión con la Divinidad y tu Aura permanecerá sucia, trayendo muchos conflictos a tu vida.

Por eso, es tiempo ya de mejorar y transformar tus pensamientos, sentimientos y emociones, mejorando tu salud, amor, prosperidad, en pocas palabras tu vida. Llego el momento de identificar por lo menos algunas de tus emociones y clasificarlas en positivas, negativas o tóxicas para eliminar las que te están haciendo daño.

- **Emociones Positivas.** – Provienen del Amor y tal como su palabra lo dice, son aquellas que te dejan algo bueno, como la alegría, la seguridad, el amor, la pasión, etc.

- **Emociones Negativas.** – No necesariamente son malas, existen algunas emociones negativas que te dejan

cosas buenas. Por ejemplo, cuando llegas a sentir temor ante algún tipo de peligro, esta se clasifica como "negativa" sin embargo puede llegar a salvar tu vida, ya que te hace reaccionar, así que ese término es solo para identificar cuando se trata de emociones que provienen del miedo y no del Amor.

- **Emociones Tóxicas.** – Este es el tipo de emociones que sí afecta, lastima y daña, cambiando el rumbo de la vida de todos los involucrados. Estas emociones pueden ser positivas o negativas, pero que se han convertido de alguna manera en tóxicas por la dependencia que generan. Por ejemplo, el Amor es una emoción hermosa y muy positiva que se puede convertir en tóxica si se convierte en obsesión.

- **Emociones Combinadas.** – Son la mezcla de las positivas y negativas, por lo regular se convierten en tóxicas por la indecisión que generan. Por ejemplo, Cuando una persona está muy enamorada y el ego se apodera de sus pensamientos insertándole la emoción de la inseguridad, inmediatamente se convierte en una emoción tóxica que lastima a los involucrados.

Por otro lado, si algunas de las emociones que has llevado contigo han sido de dolor profundo, si tu camino se ha vuelto complicado porque diferentes personas te han lastimado mucho, de diferentes maneras; entonces puede ser que hayas optado por colocarte alguna máscara para sobrellevar ese dolor y, seguramente te la has dejado puesta por miedo a que se repitan, por lo que prevenir el dolor en el resto de las emociones es una buena idea. Aquí te dejo las tres máscaras más comunes y, en las que todos caemos, de una u otra manera. ¿Te identificas con alguna? ¿Crees que te has mantenido ahí, aunque no sea necesario? Si es así, apúntalo en el área de emociones para que lo puedas trabajar en el ejercicio "El Laberinto del Séptimo Rayo 7°.

1. **"La Máscara Defensora"**, se la colocan las personas a las que han lastimado tanto, o que alguien las lastimó tanto que dejó una huella muy profunda de dolor en ellas. Tanto, que han tomado la decisión de colocarse una máscara "Defensora", sin percatarse que no les permite vivir realmente. Cada dolor en sus emociones lo relacionan con ese tipo de dolor, por lo que reaccionan inmediatamente predisponiéndose para actuar a la defensiva. Cada vez que se encuentran con personas nuevas, esperan que los traten de la misma manera, creyendo que los van a lastimar como lo han hecho los demás, sin importar que se encuentren con una muy buena persona, como bien dice el dicho: "todo lo que digan o hagan, será usado en su contra".

Tristemente por esas experiencias non gratas que les han causado dolor, su sentimiento de miedo prevaleció, por lo que optaron por permanecer con la máscara defensora puesta, forjando un escudo alrededor de ellos para proteger los eslabones de su cadena de emociones y, para ya no ser lastimados más. Así que ya no creen en nada de lo que les dicen, prefieren prepararse para el momento de la traición; pensando que cuando les den la espalda o los

dejen, entonces no les dolerá ni sufrirán. Cosa que no es cierta, ya que el sufrimiento será el mismo o peor, a fin de cuentas, era lo que ya estaban esperando y, por lo tanto, lo están sufriendo desde un inicio.

Esta máscara, lejos de defender, obliga a boicotearse a sí mismo, ya que siempre hace que se alejen de las personas por miedo, a pesar de que con alguna nueva persona pueda ser algo diferente y hermoso. De igual manera cuando se atreven a probarlo sin eliminar el sentimiento del miedo, la experiencia se repetirá porque su pensamiento negativo junto a su sentimiento de miedo, al creerlo, lo creará. O bien, aleja a las personas y las oportunidades.

2. **"La Máscara del Blanco Fácil"**, si a pesar de los golpes, mentiras y traiciones, las personas siguen creyendo abiertamente en la gente, sin ponerle atención a la realidad, es porque son soñadores, o tal vez por una adicción oculta al dolor y, entonces deciden colocarse una máscara muy especial, que les hace seguir permaneciendo con fe y confianza a pesar de los golpes. Es un hecho que no han aprendido la lección, desafortunadamente se han puesto de tapete en repetidas ocasiones, topándose con gente muy similar que abusa de ellos por sus buenos sentimientos, convirtiéndose en un Blanco muy Fácil de atrapar, ya que esa máscara les cubre los ojos, alejándolos de la verdad y permaneciendo en el mundo de los sueños. Desgraciadamente es por esto que existe mucha gente maltratada dentro de su círculo familiar.

Este tipo de personas son de las personas que les da seguridad a los demás; es muy difícil que les valoren realmente porque, aunque suene muy triste, cuando alguien se entrega al 100%, los demás tarde o temprano dan por hecho que los poseen, sabiendo que a pesar de todo permanecerán allí, olvidándose que deben cuidar y alimentar, aquello que los hace felices. Si no supieron apreciar realmente lo que tienen, los tendrán hasta que les funcionen, cuando ya no entreguen las expectativas que desean obtener, entonces sin importar lo que ellos sientan los dejarán, haciendo una nueva vida lejos de ellos, a pesar de que hayan quedado destrozados.

Algunos serán tan desvergonzados que incluso se mantendrán a su lado, para ocuparlos cuando sea necesario, con el pretexto en su mente de que se quedan para no lastimarlos con su partida. Por otro lado, algunos otros entre palabras los harán sentir culpables para liberarse de su propia culpabilidad.

Cualquiera que sea la forma en que lo hagan, esto les llena de un dolor muy profundo que los lleva al sufrimiento, porque la máscara del Blanco Fácil, no les permitió ver la realidad, entonces no esperaban oír lo que están escuchando, mientras los ven irse de su vida, acabando con un golpe inesperado todo el "amor" que en teoría existía entre los dos, rompiendo sus planes, sueños e ilusiones. Pero aquí ya te di la palabra mágica: "Ilusiones". Cuando se vive de ilusiones, es porque no existe una realidad, simplemente se creó con emociones apócrifas, porque no se

tuvo la capacidad de ver, que esos sentimientos y emociones realmente solo existían en su pareja. Como dice el dicho, "No hay más ciego, que el que no quiere ver".

Esta máscara es una máscara que te lastima por tu gusto propio, como si disfrutaras flagelarte el Alma.

3. **"La Máscara del egoísta".** – Hay personas que llevan un dolor muy profundo, ya que se han pasado la vida sintiendo que los demás han abusado de ellos, que nadie los valora o que solo unos cuantos lo hacen. Si escuchan alguna crítica hacia su persona o hacia algo que ellos disfrutan, no logran superarlo, incluso hasta se alejan de aquello que les gusta, por los malos juicios hacia su persona. Entonces son personas que viven llenas de emociones de frustración y fracaso.

Esto lo han sentido así porque han vivido demasiado apegados a las reglas y normas impuestas por la sociedad o la religión, dándole vueltas a un sistema de creencias porque se rehúsan a creer en él al 100% y, sin embargo, se apegan a él de una manera casi perfecta.

Las personas que se encuentran con estas emociones, se han colocado esa máscara para disfrazar su necesidad de amor y confianza, ya que su ego les recuerda constantemente lo malo, llevándolos de la mano a un estado emocional de frustración, sintiendo que nunca alcanzarán a obtener lo que merecen. Es por eso que entonces se convierten en una persona egoísta, porque han vivido sintiéndose víctimas en todo momento. En su mente ellos tienen razón de serlo, ya que han sido juzgados, lastimosamente no se han dado cuenta, de que si no lo han superado es porque no han querido, además deberán aceptar también que a veces ellos han jugado el papel de victimario, porque eso es lo que aprendieron.

Entonces, así como el Defensor se puso un escudo para defenderse, ellos se colocaron un traje blindado, para sentir únicamente hasta donde no llegara a ser peligroso. Han procurado mantenerse en un espacio "seguro y feliz", escondiéndose de la realidad.

Dan todo de ellos cuando así lo deciden y, porque conviene a sus intereses, ya que les hace sentir que están actuando correctamente.

Esta máscara además de lastimarte a ti, lastima a tus seres queridos.

Con cualquiera de los tres estados, se termina viviendo en un remolino que constantemente genera las mismas emociones, aunque con diferentes personas, comenzando a descubrir que se estaba cayendo en lo mismo una y otra vez, lleno de emociones que no hacen nada bien a pesar de los escudos, confianza o blindaje que se pongan. De modo que se termina cayendo en el sufrimiento con estas emociones tóxicas.

Intenta descubrir si usas alguna de estas máscaras, de ser así entonces acepta tu propia culpabilidad ya que es muy fácil buscar culpables externos gracias a la voz del Ego, que es ese "Tu" alimentado del miedo y del egoísmo.

El ego nunca nos informa que nosotros estamos permitiendo que nos lastimen, que somos los responsables absolutos de cada lágrima y de cada emoción negativa, ya que nos hemos permitido llegar hasta ahí, sin hacer caso a los focos rojos, que siempre existen cuando algo no va a salir bien. También cuando algo lastima y duele, el Ego hace todo lo posible por mantenernos en el sufrimiento, llenos de emociones tóxicas que nos hacen sentir víctimas, lo cual pareciera no molestarnos del todo, ya que rápidamente tomamos ese papel y nos instalamos en el País del Victimismo. Ésta es una realidad que también debes buscar y aceptar para que puedas transmutarla.

Finalmente, en este momento, te encuentras con eslabones en tu cadena de emociones, que solo tú has forjado, de acuerdo a tu percepción personal; a tu manera de creer que era la forma correcta de caminar y sentir, porque así estaba estipulado en esa guía que se te entregó al nacer y que además, conforme fuiste creciendo, fuiste agregando y acomodando tus creencias personales, tus experiencias de vida y modificando entonces tus percepciones, para predisponer algunas de tus emociones, en espera de golpes y deslealtades, como muchas que has experimentado en todos los niveles.

Procura

Es importante mantenerte con tu Frecuencia elevada para generar emociones positivas, mejorando tus momentos; por lo que te recomiendo tener muy presente las siguientes. Procura apuntarlas y tenerlas cerca de ti para que las recuerdes, con el tiempo las memorizarás.

Una buena cadena de emociones, forjará tu vida positivamente:

✓ Procura contemplar la vida siempre desde un ángulo que te ayude a admirarte de ella, nunca te canses de sentirla, por difícil que parezca, siempre hay cosas positivas que nos causan **Admiración.**

✓ Procura realizar tus tareas del día con **Agrado**, esto te comenzará a retribuir con cosas positivas, buenas, agradables, llevándote a alcanzar metas rápidamente.

✓ Procura el **Optimismo**, nunca pierdas la fe. En cada situación siente lo bueno, piensa en que lo mejor llegará pronto, para que sientas una **Euforia** que te hará saber que todo marcha de una manera perfecta.

✓ Procura sonreír en tu vida diaria con **Alegría**, cuando te topes con diferentes personas, sin importar si son conocidas, o no. Sonríe cuando sea posible, muestra tu **Afecto** y **Respeto** por ese Ser humano que tienes enfrente. El Universo premia la bondad.

✓ Procura sentir **Satisfacción,** cuando haya terminado

el día siéntete contento, sabiendo que has hecho lo mejor posible.

✓ Procura **Perdonar y Perdonarte**, cada quién hace las cosas de acuerdo a su nivel de creencias, a su experiencia, a su Luz. Todos hacen lo mejor que pueden, aunque a veces no sea suficiente; por eso Perdona, Perdónate, la frecuencia de la emoción del **Perdón**, es una de las más altas del universo.

✓ Procura **Agradecer,** siempre agradece por todo lo que tengas, por lo que eres, por lo que te han dado, por lo que has vivido, bueno, malo o regular, agradece también por las cosas que están por venir; *la Gratitud* es otra de las emociones de frecuencias más altas en el universo.

✓ Aquí no te digo Procura, simplemente te digo ¡**Ama**, ¡**Ama, Ama!,** comienza por amarte a ti mismo para después poder entregar ese **Amor** a esa persona especial, a tu familia a tus amigos, a la Madre Tierra, al Universo, al Creador. Recuerda que ¡**Tú Eres Amor!,** nunca intentes ocultarlo o bloquearlo. Sácalo, intensifícalo, sé cada día más **Amor**. ¡Ésta es la frecuencia más alta y hermosa que existe! Es la Divinidad encarnada en ti.

Aléjate

Ahora es tiempo de conocer algunas emociones negativas o tóxicas de las que deberás mantenerte lejos, lo más lejos posible, procurando omitirlas, cambiarlas, transmutarlas. Cada vez que sientas que estás cayendo en una de ellas, piensa completamente lo contrario para revertirlo:

Una cadena de Emociones tóxicas perjudicará tu actitud, pensamiento, sentimiento, bajando tu nivel de frecuencia para llevarte a un retroceso en tu vida:

* ✳ *Aléjate de los Enfados*, No vivas enojado con la vida, estar sintiéndote *Enfadado* en todo momento, únicamente te causará emociones de frustración, incluso podrás generar enfermedades crónicas.

* ✳ *Aléjate del drama*, aunque algunas personas te hayan lastimado, de tal manera que comenzaste a sentir *Odio* por ellas. ¡No lo hagas!, aunque según tu consciencia pudieras tener razón en generar esa emoción; es una de las peores que puedes sentir, ya que ésta no solo te causará malestares, sino que además te enfermará. Cuando el *Odio* quiera apoderarse de ti, genera la emoción del *Perdón*, con su hermosa frecuencia, te ayudará a librarte del Odio, junto con el peligro de enfermar.

* ✳ *Aléjate de la emoción del Victimismo*, que solo te causará emociones de *Tristeza* y llanto, dejándote dolores tan grandes, que se convertirán en sufrimiento y

te llevará a sentir la emoción de la **Indignación** porque sentirás y pensarás con emociones de **Injusticia**.

* **Aléjate de las prisas**, las emociones de **Impaciencia**, te provocarán **angustia**; recuerda que todo debe tomar su tiempo, nada se puede acelerar o las cosas saldrán al revés, dejándote emociones de **Carencia**.

* **Aléjate del deseo de tener lo que alguien más tiene**, te puede crear emociones de **Envidia** que te llevarán al **fracaso**, cada quién tiene y obtiene lo que necesita para su crecimiento, cuando sea el momento, si estás enfocado en el Amor, más cosas llegarán a ti como por arte de magia.

* **Aléjate de las emociones encontradas**, por algún daño que te hicieron, éstas podrían llevarte a las emociones de **Venganza**, cosa que no es necesaria, ya que todo lo que das, regresa multiplicado 7 veces 7. Esta es una ley del universo.

* **Aléjate de las emociones causadas por Celos**, te dejarán un vacío en el Alma que no podrás llenar con nada. Recuerda que lo que es tuyo, permanecerá, lo que nunca lo fue, simplemente se irá, no te desgastes por querer retenerlo.

Ve de nueva cuenta al final del libro a la hoja de Emociones y escribe cuál es tu emoción actual, qué es lo que estás sintiendo después de haber leído toda la información de este capítulo.

CAPÍTULO 6
El Pensamiento

La Importancia del Pensamiento

Has tenido una vida con altas, bajas, risas, lágrimas, con matices de todos colores, llena de experiencias hermosas, otras no tanto, momentos difíciles y otros que te han sorprendido. Has experimentado un cúmulo de emociones que te han llevado al cielo y otro tanto que te ha tambaleado o tirado. En fin, una historia plasmada en el tiempo y en tu corazón que ha formado al ser humano que hoy eres.

Pero, ¿Por qué estoy señalando algo que es obvio? Porque tal vez te imagines que el desarrollo de tu vida, se ha ido dando por todos los acontecimientos que has tenido y, de cierta manera así es, únicamente que no son los responsables ni los causantes de tu desarrollo. Ni siquiera lo ha sido el cúmulo de emociones que has sentido. Prepárate para saber que el secreto de toda esta complicidad en tu desarrollo, nació con un simple pensamiento que dio vida a muchos más, millones de ellos que han sido formados dependiendo de tu nivel de consciencia, la cual es la responsable de tu existencia.

Eres Luz, Frecuencia, Sentimiento, Emoción, Físico y Mente. Conforme has elevado tu Consciencia has mejorado el conocimiento que tienes de ti mismo y de tu entorno, por ello has ido modificando tus pensamientos que te han llevado a tomar decisiones buenas, malas y regulares, mientras fueron moldeando tu existir y forjando tu camino con acontecimientos cundidos de todo tipo de emociones.

Desafortunadamente, el ser humano con sus creencias limitantes se llena de pensamientos en su gran mayoría negativos. Por eso cuando todo comienza por un pensamiento, la vida puede ponerse difícil. Observa tus actos durante el día, todos están precedidos por un pensamiento. Ahora mismo analiza que antes de tomar este libro para leerlo, pensaste: *"voy a leer un rato"*; entonces fuiste al lugar en donde se encontraba guardado, lo tomaste y comenzaste a leer. Así todos tus actos, sentimientos y emociones.

La manera en la que mejores tu consciencia será la manera en que se genere el pensamiento que desarrollará tu vida, minuto a minuto, a través de tus días, tus años. Es importante estar cada vez más consciente ya que si permites que el inconsciente te domine, por más elevada que tengas tu consciencia, no pensarás correctamente ni actuarás de la manera que realmente deseas.

Un ejemplo simple de cómo influencian los pensamientos en la vida de cualquier persona, sería el siguiente:

Un día estaba sentada en mi escritorio cuando de repente pensé: *"Sería bueno salir a buscar un poco de agua"*. Ahí está el pensamiento de ir por ese vaso de agua porque que me dio sed. A su vez ese pensamiento comenzó a generar pensamientos hermanos de mayor fuerza, desafortunadamente la mayor parte del día se vive en el inconsciente, en aproximadamente un 80% de las veces, por lo que se generan pensamientos hermanos negativos, los cuales comenzaron a abordarme de la siguiente manera: *"Voy por un vaso con agua, pero voy rápido porque si me tardo no me va a dar tiempo de hacer mis notas para la junta que tengo en 15 minutos, mejor no voy... Pero... ¡tengo sed!, ¡si voy rápido!"*

Acto seguido, me paré rápido por mi vaso con agua, llegué a la cocina, me lo serví, en mi cabeza, mi subconsciente me sonaba el tic tac de un reloj para que me apurara o se me iba a hacer tarde porque estaba perdiendo el tiempo; tomé el vaso con prisa y ¡zaz! ¡Se me cayó!

Ahí estaba el vaso roto en el piso, el agua regada por toda la cocina, no sé ni cómo logré hacer eso jaja, los pensamientos hermanos en mi mente comenzaron a empoderarse: *"Ya ves, no debiste de haber venido por el agua, ahora tienes que limpiar y recoger vidrios, que pérdida de tiempo cuando tenías otras cosas más importantes que hacer".* Así que levanté los vidrios, limpié y regresé a mi escritorio corriendo, algo que podría haber hecho en 2 minutos me tardé más de 5 en hacerlo, regresé frustrada, con sed y sin agua. Ese fue solo el resultado de un pensamiento creado desde el inconsciente y basado en el miedo, que al generar los pensamientos hermanos, me provocaron boicotearme a mí misma.

Tristemente gracias al inconsciente en complicidad con el ego, la mayoría de los pensamientos de los seres humanos son negativos, siempre en busca de lo malo que puede suceder, o lo que no eres capaz de hacer, o buscas obstáculos que te impiden alcanzar alguna meta que te has propuesto, o si alguien te está viendo feo, o porque tu jefe no te valora, o si tu compañero de trabajo es tonto o se equivoca, o porque tus hijos no te toman en cuenta, o porque tus padres son injustos contigo, o porque tal vez tu pareja no te entiende o sospechas que te está engañando con otra persona.

La vida sería muy diferente si comenzáramos todos a poner atención a nuestra consciencia y a la consciencia colectiva. Comenzaríamos a trabajar en unidad, buscando las cosas positivas y qué hacer para mejorarlas, impulsándonos unos a otros a llegar a las metas y sobrepasarlas, no nos importaría la manera en la que nos ven los demás, sabríamos que sí somos valorados, que nadie se equivoca, que nadie ha sido injusto con nosotros, porque todo ha sucedido de acuerdo al nivel de consciencia de cada quien. Tú estás en este camino para lograr esto. ¡Bienvenido!

Otra cosa que el ser humano está muy acostumbrado a hacer por moda, es a menospreciarse a sí mismo, diciéndose cosas como: "que menso", "me mato", "hice una estupidez" etc. obviamente al decirlo, lo dicen sin intención, en teoría sin sentirlo realmente, sin embargo, son frases de baja vibración que envían hacia su frecuencia sin quererlo y sin la intención de lastimarse. La verdad es que, si lo haces, sí te estás lastimando porque bajas tu frecuencia, y será común que eso te suceda en repetidas ocasiones, ya que es la señal que estás enviando al Universo.

Siempre, siempre, en su mayoría, estamos lejos de nuestra consciencia, teniendo pensamientos negativos, tal vez en este momento te estés diciendo: *"no, no para nada, yo soy una persona muy positiva, siempre trato de buscar lo mejor"*.

Analiza un día de tu vida, no te pido más, analiza y apunta cuáles fueron los pensamientos que pasaron por tu mente en ese día, a menos que en ese momento llegue alguien, y resulta que es alguien que te hace muy feliz, y te cambia el día, entonces vas a pensar más cosas positivas, aunque seguramente encontrarás algo negativo, pero si estás llevando un día normal como cualquier otro, tus pensamientos en su gran mayoría van a ser negativos, por ejemplo, esto no me queda, tengo que hacer esto otro que me choca, aquella persona me contestó mal, estoy aburrido, no logro terminar, mira lo que hizo tal persona, etc.

Revísalo, sé honesto y apúntalo en el área de análisis del pensamiento. También vas a notar que existen pensamientos que provienen del ego, del egoísmo y del egocentrismo, suenan fuerte pero así es. Todos hemos caído ahí algunas o muchas veces, unos en mayor proporción y de una manera más significativa que otros, sin embargo, todos hemos pasado por este tipo de pensamientos; tal vez Jesús o Budha o Gandhi se pudieron haber salvado, sin embargo, pienso que ni ellos lo hicieron, ya que su sabiduría la adquirieron de sus vivencias, la única diferencia es que ellos reconocieron, aceptaron, aprendieron, mejoraron y luego nos enseñaron.

De igual manera lo puedes hacer tú, si te lo propones, y sé que lo harás ya que esa es la razón por la que tienes este libro entre tus manos. Más adelante encontrarás algunos ejemplos de este tipo de pensamientos, para que los ubiques y logres clasificar tus pensamientos, darte cuenta del área más predominante de pensamientos que tengas porque esos son los que han desarrollado tu vida y de ahora en adelante, queremos que se desarrolle de la mejor manera.

Atrapado en el remolino de millones de Pensamientos.

Cuando eras pequeño no te importaban mucho las cosas que hoy te preocupan demasiado, por el contrario, simplemente soltabas tu cabello en el viento siendo feliz, llevando contigo pensamientos positivos que te hacían sentir cada parte del universo en ti. Conforme fue pasando el tiempo te comenzaste a preocupar por el qué dirán, qué pensarán, el por qué está pasando esto, que irán a decir mi familia, mis amistades, mis compañeros de trabajo, todos me van a señalar, me van a tachar, comenzaste a sentir lo que era el éxito y el fracaso marcados por una sociedad, comenzó la preocupación por encajar en un mundo lleno de creencias limitantes, con la necesidad imperante de complacer a todos, de luchar por un amor que debías de ganar, colocando barreras a tu alrededor para cuidarte de las personas que intentaran lastimarte, luchar para ganar la batalla, como si tu misión fuera competir.

Así comenzó el remolino de millones de pensamientos al día, marcados por reglas que comenzaste a seguir con sus normas preestablecidas por tus antepasados, la sociedad y una religión. Así seguiste órdenes, sin importar que tuvieras

carácter débil o fuerte. Simplemente seguiste con el plan que ya tenían marcado para ti porque eso fue lo que se te ordenó hacer. ¿Lograste completarlo? ¿De qué manera y a qué costo?

Al seguir estas reglas de vida, comenzaste a adquirir emociones falsas que provenían de pensamientos prestados y fabricados por terceras personas, emociones que para ti no existen realmente, que solo se encuentran circulando por tu ser como una herencia, las creencias que te enseñaron las has ido adaptando y modificando, de acuerdo a lo que tú has vivido y sentido, con tu manera de emocionarte comenzaste a formar tu carácter para ir tomando tus propias decisiones. Ahora todo ha sido muy diferente con respecto a lo que se te impuso en un principio, aun así, cuentan con las bases de esas creencias que te enseñaron y, que a su vez tu enseñarás a quién te corresponda enseñar.

Con el paso del tiempo fuiste identificando algunas creencias que no te gustaban y con las que no estabas de acuerdo ya que te llenaban de emociones tóxicas que no te correspondían, has intentado eliminarlas y con algunas lo has logrado, sin embargo, te costó trabajo y tiempo, sabiendo que aún te faltan muchas por descubrir, ya que inconscientemente sigues guiado por algunas de esas reglas. La mayoría de las creencias limitantes te han enseñado a que se debe vivir con el miedo siendo tu motor de vida.

Hoy, además de haber adoptado algunas de las creencias limitantes que te inculcaron, también has obtenido nuevas, porque tú has vivido otras cosas, has sacado tus propias conclusiones formando tus propias creencias, que por llevar de base las limitantes se convierten en lo mismo, pero disfrazado. Todo aquello que te diga que **NO**, se trata de una creencia limitante porque ¡Tú Eres Infinito y Abundante! capaz de lograr cualquier cosa que te propongas, con mayor razón si ella nace del Amor y es por amor.

Por esto es que hoy cargas con esta Cadena de Emociones llena de eslabones, unos brillantes, otros opacos y otros oxidados, muchos de ellos ni siquiera te pertenecen. Éstos otros pertenecen a otras personas; siendo tiempo ya de empezar a identificar esas emociones que por herencia tienes. De tal manera que podrás romperlas, dándote cuenta de que muchas cosas las sentías porque así se te dijo que debías sentir. Simplemente estás reaccionamos como se te indicó. Cuando eras pequeño, se te ordenó que cuando alguien hiciera algo que te molestara, u ofendiera, ¡tú debías enojarte! Y ¡Ponerte Triste!, tal vez a ti esa persona ni te importaba, pero la regla dice que te debe ofender y así lo has hecho, pasando y padeciendo muchas de las emociones tóxicas con las que hoy cuentas. Cada quién piensa, siente, actúa de diferente manera, por lo que tus emociones deberán ser únicas e irrepetibles. Nadie puede decirte cómo pensar, esa es decisión tuya solamente, con la responsabilidad de saber que ese pensar, te llevará a tu sentir y actuar formando tu vida. Sé consciente y hazlo de la mejor manera posible.

NO te dejes envolver, influir, tú debes comenzar a aprender, a distinguir cuál es tú realidad, tu sentir, tus sentimientos, tus emociones, para romper y eliminar los que no te corresponden, identificando por tu parte cuales son aquellos eslabones

tóxicos que tú estás fabricando dentro de tu cadena de emociones, esos eslabones que son pesados y rudos, te jalan llevándote hacia abajo en una espiral que no te permite respirar, mientras más profundo vayas, más difícil de salir será; llevas cargando alrededor del cuello estos eslabones pesados, con su carga en tu espalda todo el tiempo, es tiempo ya de aligerar esa carga para poder volar.

Ya has pasado suficiente tiempo volteando a ver hacia el horizonte sin poder llegar a él, lleno de pensamientos negativos que bloquean tu camino. Ahora volarás más alto para tener todo el panorama completo, analizar por qué estás tú formando cadenas de emociones tóxicas que te agotan física, mental, sentimental y espiritualmente, es tiempo de relajarte y descansar para poderte recuperar, volver a salir a caminar a esta vida, a nuevas metas, nuevas ideas, con nuevas personas, a toparte con nuevas experiencias, a sentir nuevas emociones.

Es tiempo de que reconozcas tu Consciencia, tu Luz, tu Espíritu, el Amor que llevas dentro, que es el que te hace vivir y vibrar de la manera en que lo haces. Tu frecuencia es amor, ese es tu verdadero Ser, esa es tu verdadera esencia, que junto a tu consciencia te ayudan a transitar por este hermoso planeta dual, puedes elegir dejar el miedo a un lado para alinearte a la vibración del Amor y así liberarte de ese remolino de pensamientos. Cuando logres hacer esto, podrás identificar claramente la diferencia entre las opciones que se te presenten, logrando elegir correctamente.

¿Estás Consiente de tu Mente Consciente?

¿Estás Consiente de tu Mente Consciente?, Tal vez al igual que todos los seres humanos crees que tus ideas vienen de tu mente consciente, que las decisiones que tomas junto con los pensamientos que eliges, lo haces estando consciente de qué decir, hacia donde ir, cómo actuar, en fin, todo lo que haces y dices regularmente, sin embargo, no es así. Cuando conscientemente estás pensando algo, es porque tu subconsciente ya lo dijo, únicamente estás recibiendo la información que te está proporcionando, incluso muchas veces hablas y actúas de manera incongruente sin saber por qué. La parte negativa de pensar y actuar basado en el subconsciente, es que ahí se guardan las memorias negativas y dolorosas, de modo que siempre se actúa en base al miedo y a la defensiva.

Es por eso que existen muchas frases o dichos, como piénsalo conscientemente, sé consciente de lo que estás diciendo, etc. Seguramente te ha sucedido que en una discusión te pones a hablar y a decir cosas que tal vez conscientemente no dirías, incluso tal vez en alguna ocasión te interrumpieron para preguntarte, ¿Estás consciente de lo que estás diciendo? O que, al terminal de hablar no hayas sabido ni de donde salió lo que dijiste. Igual cuando te diriges a algún lugar, en muchísimas ocasiones, ni siquiera te das cuenta a qué hora pasaste algún punto del trayecto. ¿Te suena familiar? Esto es algo que a todos nos sucede, incluso a veces nos llegamos a meter tanto en un pensamiento del subconsciente, que se nos queda el sentimiento, la urgencia de tener que llevar a cabo eso que estamos pensando lo más pronto posible, sin detenernos a analizar si eso que queremos hacer realmente lo queremos o si es bueno, conveniente o malo y perjudicial. ¿Crees que tus pensamientos y deseos los analizas debidamente? ¿Sabes si te va a perjudicar de alguna manera, o a lastimar a algún ser querido? A esto es a lo que llamamos elevar la Consciencia, saber a ciencia cierta quién eres, quienes son los demás, en donde estás parado, saberte parte del Universo del Todo, conocer tu verdadero Ser, con todos sus cuerpos, defectos, virtudes, dones y propósitos. Conforme vas descubriendo más, tu Consciencia se eleva porque va recordando su verdadero origen, su Luz y su Amor. Procura cada vez, hacer más consciente a tu Consciente.

Más o menos las cosas funcionan así: En el momento en que te llega un pensamiento del subconsciente que es captado por tu consciente, crees que esa es la única verdad que existe, crees que así deben ser las cosas, piensas que estás tomando una buena decisión, porque "inconscientemente" así ya lo percibiste y entonces la mente "consciente" decidió que es lo correcto. Entonces comienza a hacer lo que sea necesario para lograrlo, tú te sientes muy seguro de que estás actuando muy consciente, cuando es todo lo contrario porque estás siguiendo sólo una guía de tu mente subconsciente, sin detenerte a analizar el fondo. Tú eres el protagonista que tradujo los impulsos más profundos que tienes, sin haber tomado en cuenta todos los factores. Así es como trabaja la mente humana, ahora que lo sabes, podrás mejorar, renovar el proceso y elevar tu Consciencia para tu verdadero despertar. Como te decía al inicio, ahí en el subconsciente es donde se guardan las memorias, las creencias, además de todos los recuerdos, malos y buenos, los peligros, los fracasos, propios y ajenos, razón por la cual, la mayoría de tus pensamientos serán negativos. Es por esto que, durante las terapias psicológicas, holísticas, etc., se intenta llegar al subconsciente del paciente, porque ahí es donde se encuentra el motivo y la solución. Siendo justo este el propósito de este libro, que por tu cuenta descubras el motivo y la solución. Estoy segura de que lo lograrás una vez que hayas terminado el libro, aunque si optas por seguir tus mismos patrones, entonces no habrás aprendido nada.

La Mente Subconsciente y su gran poder. Vivimos aproximadamente el 80% del tiempo aquí.

El subconsciente con su gran poder es quien verdaderamente marca tu camino, tus decisiones, tu actuar, tus elecciones, tus pensamientos, tus emociones. La mente subconsciente nunca descansa, todo el tiempo está creando pensamientos, todo el tiempo le está avisando a la mente consciente sobre las experiencias vividas, sobre las ideas programadas, sobre las emociones atrapadas, sobre todo se inclina siempre por recordarte y mostrarte las emociones tóxicas que tienes ahí

atoradas, esas emociones que fueron buenas o malas pero que de alguna manera las hiciste tóxicas. Tener emociones "malas" de vez en cuando es algo natural ya que no existe la perfección además has venido a aprender, y esas emociones te hacen crecer.

Emociones Tóxicas son aquellas a las que te has aferrado de alguna manera a pesar del daño que te hacen, permaneciendo en tu subconsciente sin poder sacarlas y borrarlas de ahí porque no las ubicas conscientemente, por eso te cuesta tanto trabajo descubrirlas para eliminarlas permanentemente, son situaciones a las que te has vuelto adicto, sin embargo, debes eliminarlas para poder disfrutar la vida como lo mereces.

Tu subconsciente es como un chip que almacena toda la información, buena, mala y regular; aquí viven tus memorias, tus poderes y destrezas, tu sabiduría, tus éxitos y derrotas, las alegrías y tristezas, acumuladas a través de todas tus vidas, las creencias personales y colectivas, así como también los pesares, los fracasos. Te darás cuenta que hay cosas que simplemente las sabes, aunque no tengas idea de dónde provienen.

El ego muy astutamente se alimenta de esta información acumulada, guardando todo lo malo que te pasa, todo lo malo que te puede pasar, todo lo que no has logrado, a todas las personas que te han lastimado, entonces provoca que los pensamientos negativos y las palabras con las que alguna vez te han herido retumben en tu inconsciente dando vueltas en tu cabeza todo el tiempo. Toda esta complicidad entre el ego y el subconsciente te provocan desconcierto, ansiedad e inseguridad. Además, te traen el pasado constantemente sin dejarte avanzar, cada vez que te encuentras en ciertas situaciones que ya has vivido o cuando escuchas palabras que te han dicho anteriormente, invariablemente las vas a relacionar con esos hechos pasados, a pesar de que se trate de otra persona que nada tiene que ver con esa emoción, con esa experiencia que algún día tuviste.

Entonces revives esas emociones negativas y todo eso se vuelve a mover, vuelve a salir, te vuelve a recordar, y crees que todo lo que viviste con la otra persona, que por lo regular fueron experiencias muy desagradables, lo volverás a vivir de la misma manera, ya que tu mente consciente te dice: *"Ten cuidado, porque esto lo viviste con aquella persona y te puede volver a pasar"*, entonces tu ego brinca reafirmando ese pensamiento, alertándote por aquella ocasión cuando sufriste y te fue muy mal.

De tal manera que comienzan a generarse pensamientos hermanos, uno tras otro, llenándote de emociones negativas a las que comienzas a aferrarte convirtiéndolas en tóxicas ya que te recuerdan cada sentir, cada lágrima, cada fracaso, cada dolor. Es como una adicción de algunas personas estar generando pensamientos negativos una y otra vez, dándole vuelta a lo mismo de mil maneras diferentes, intentando encontrar otros pensamientos que ayuden al negativismo para generar angustia, incertidumbre y desesperación. Así, sin darte cuenta ya tienes formada una cadena enorme de emociones basadas en el miedo, que te dicen ¡aléjate, corre, actúa de esta mala manera, inseguro o grosero!, tanto, que finalmente acabas con mucho miedo, tomando malas decisiones, alejándote de la situación sin resolver el fondo del asunto, sin tomar consciencia y responsabilidad propia, alejándote tal vez de una pareja que te ha hecho feliz pero que tu ego no te permite disfrutarlo, así quedas lejos de toda una nueva experiencia que pudo haber sido muy buena, o acabas teniendo la misma experiencia que tuviste hace años o que has tenido una y otra vez con diferentes personas, ya que ese es el mensaje que con tú corazón estás mandando al universo y el universo está regresando a ti.

Estamos acostumbrados a caminar diariamente como si no hubiera nada detrás, como si por arte de magia se formara tu presente y tu camino; sin embargo, hay muchas cosas sucediendo a tu alrededor para que puedas tener la vida que tienes y aunque no lo creas, todo comenzó por un pensamiento, desafortunadamente, aproximadamente el 80% de ellos han sido negativos, siempre recordándote lo malo, llenándote de miedo y angustia, esperando siempre que suceda lo peor.

Entonces tus pensamientos se mueven para construir tu presente y tu realidad como lo vimos en las figuras 2.1 y 2.2 del capítulo 2: Tu mente inconsciente le entrega a tu Chakra del tercer ojo un pensamiento ya sea positivo o negativo. Tu tercer ojo lo hace consciente y lo envía a tu Chakra del poder para integrarle el sentimiento de amor o miedo, dependiendo de cómo estés percibiendo ese pensamiento y a su vez lo envía dando aviso al Chakra de tu corazón. Si es un pensamiento con miedo, el corazón lo recibe estrepitosamente, activando muchos otros más órganos del cuerpo, pero si ese pensamiento es recibido con Amor, entonces el corazón late a una frecuencia regular armónica, enviando esa armonía a tus células para que tu cuerpo eleve su frecuencia; enseguida lo envía al universo con el propósito de que el universo cumpla con lo que estás solicitando, ya sea positivo o negativo; es por esta razón que muchas veces se te repiten las mismas situaciones, ya que tus pensamientos y expectativas son las mismas.

En base a las memorias del subconsciente, se forman diferentes tipos de pensamiento. Un poco más adelante, describo algunos basados en mi experiencia como persona, como coach espiritualista y en mis estudios; al menos en alguna ocasión debes haber caído en ellos, abre tu mente, se honesto, siente, recuerda, y revisa bien en cuáles has caído con mayor frecuencia; seguramente te identificarás más con unos que con otros, tal vez en algunos tipos de pensamiento hayas caído un par de veces, mientras que en los demás más tiempo, apunta al final en el área de "Análisis del Pensamiento", en cuáles has caído y un porcentaje aproximado, no se trata de juzgar a nadie, mucho menos a ti mismo, el interés de identificar los pensamientos es para saber que tanto tiempo vives de manera positiva y que tanto tiempo pasas con memorias, y pensamientos negativos. No eres perfecto, nadie lo es, por eso estamos en esta experiencia terrenal, para aprender, crecer y alcanzar la Luz que nos iluminará, si te llega a ofender alguno de los pensamientos, márcalo doblemente porque deberemos trabajar en él fuertemente. Una vez más

te digo, abre tu mente y libérate de los complejos para que puedas identificar con claridad lo que te hace daño. Solo un pensamiento es necesario para cambiar tu vida, así que sé honesto contigo mismo, ¡tú puedes y mereces lo mejor!

El hacedor de pensamientos, "El Ego"

Si nuestro Ego no existiera, nos dedicaríamos más a sentir que a pensar, desafortunadamente vivimos con el Ego de la mano, todos los seres humanos, es una constante debido a la educación y creencias de la sociedad, las religiones y de nuestros antepasados. El ego es esa pequeña voz dentro de ti que cuenta con un poder tan fuerte que forja tu vida, influyendo en cada paso, cada decisión, cada palabra y acto, marcando tu nivel de consciencia. Es tu "Yo inferior" que, a fin de cuentas, ese "Yo" es el significado de "Ego".

En lo personal no tomo al Ego como algo bueno o malo ya que, aunque en su mayoría nos llega a perjudicar, en otras nos ayuda, además es simplemente un estado de consciencia al que se le da vida y, te preguntarás ¿cómo es eso? La voz del Ego te habla todo el tiempo, sin embargo, hay que tener la capacidad de distinguir qué parte de lo que te está diciendo es para tu bien y qué parte te hará retroceder. Si tú al escuchar todo lo que te dice, te espantas y lo alimentas de miedo, se convertirá en un monstruo incontrolable que no te permitirá ni respirar, en cambio sí comienzas a identificar esa voz que te hace actuar de una manera negativa, podrás basarte y apoyarte en tu sentimiento de Amor, podrás vencerlo e incluso utilizarlo a tu favor. Elevarás tu consciencia y podrás conseguir vivir la vida que siempre has deseado.

Como tú no sabías esto, puede ser que ya hayas alimentado a tu ego lo suficiente, permitiéndole crecer como un monstruo, si es así seguramente se estará manifestando en ti a cada momento; si sientes que eres de las personas que pierden la paciencia rápidamente, que en muchas ocasiones enfureces, te frustras, tal vez te sientas muy superior a otros o vivas angustiado por todo lo que no has logrado, es probable que tu ego sea ya un monstruo o se encuentre en proceso de convertirse en uno, si ya estás en este punto, no te preocupes ya que es algo que podrás modificar si te lo propones ya que es tu ego quién se encuentra manejando tus pensamientos, actitudes, percepciones, palabras, ideas, sentimientos, decisiones y emociones, por lo tanto, se encuentra al frente de tu vida. Decídete a cambiar, de lo contrario te mantendrá viviendo con miedo para alimentarse de él y seguir creciendo hasta que te encuentres en un estado inaceptable. Estás a tiempo, por eso estás leyendo esto, ¡Reacciona!

Si no aprendes a dominar el ego, te puede llevar a perder de muchas maneras; amigos, familia, pareja, empleos, prosperidad, cosas materiales, viviendas, oportunidades, encuentros, relaciones, diversión, comprensión, amor, etc. Ya que puedes caer en una sobrevaloración de tu persona que te hara complicado el conectar con otras personas porque

creerás que están equivocados, que solo tú tienes la verdad absoluta, o bien caerás en tal inseguridad de ti mismo que te creerás incapaz de lograr cualquier objetivo, personal o profesional.

Tu ego a estas alturas, ya debe estar bastante grande porque lleva alimentándose desde que naciste. El sistema de creencias que te fue inculcado lo adoptó, lo cuido y alimentó para que creciera y te recordara cada cláusula del escrito que te entregaron al nacer, mismo que ha venido ejecutando a través del tiempo, agregando una que otra cláusula de lo que han vivido juntos. Tu ego es el reflejo inconsciente de todo lo que no desearías ser conscientemente, y sin embargo es lo que has estado formando ya que la seducción de los gustos de tu ego, es tan grande que se transforman en objetos, pensamientos, acciones y palabras de deseo, al cuál es difícil despreciar, porque piensas que llenará tus más profundas necesidades, perdiendo completamente el enfoque de la realidad.

Pero como lo dije en un principio, para mí el ego no es ni bueno, ni malo, solo hay que saberlo manejar y utilizar a tu favor ya que ese mismo ego, es quién te hace tener un identidad y personalidad propia en base a tus experiencias, por lo que, las personas que son muy apegadas a su ego, son seres de personalidad fuerte, o al menos eso quieren aparentar, aunque en el fondo guarden muchas frustraciones. Cuando el ego rebasa a la persona, el sufrimiento lo alcanza y lo desbarata de mil maneras diferentes, no permitas que esto te suceda.

Si estás atravesando por alguna etapa difícil, ya incontrolable que no puedes tolerar, te recomiendo solicitar ayuda a un terapeuta, psicólogo o psiquiatra de tu confianza, para que logres salir de algún estado de ansiedad, depresión, etc. Cuando lo hagas, recuerda muy bien que la responsabilidad es tuya, que nadie hará por ti lo que no hagas por ti mismo, es imposible. Así que hazlo cuanto antes decidido a escuchar, a abrirte a las opiniones y a actuar.

Ámate mucho a ti mismo siempre, pero sin perder el foco. Procura ampliar tu vista hacia todos los que te rodean, hacia las personas que te aman y encuentra el equilibrio perfecto entre tus necesidades, gustos y metas, con la de los demás. Te darás cuenta que eso hará tu vida más llevadera, tus metas más alcanzables y tu felicidad más real.

Eres un Ser bueno, lleno de Luz, que ha intentado hacer las cosas de la mejor manera posible, pero como ya es sabido venimos a este mundo para aprender, obviamente a veces vas a tener pensamientos y sentimientos hacia la oscuridad, aunque sin quererlo y sin pensarlo. Simplemente sucede de pronto cuando el miedo se apodera de ti, provocándote pensamientos y emociones negativas que alteran tus sentidos, arrastrándote hacia la oscuridad con el peligro de quedar atrapado en esa frecuencia. Estás leyendo bien, tú también de pronto podrías convertirte en un ser oscuro, si el Ego, el Egoísmo, el Egocentrismo y los Juicios se apoderan de ti, dentro de esa oscuridad, aunque no lo quieras reconocer.

Engañándote a ti mismo no ganarás nada, todos, absolutamente todos, podemos caer ahí con facilidad, ya que todos tenemos ego. Y sí, en ocasiones así es, cuando menos lo notas te encuentras en un remolino de emociones desconcertantes que te llenan de ira, dudas, preguntas y angustia casi intolerante, con deseos de mal para otras personas. Piensa bien, por lo menos en alguna ocasión le has dicho una grosería a alguien; eso es caer en las sombras, porque consciente o inconscientemente le estás deseando un mal. Con ese tipo de emociones brotando de tu Ser, lo único que logras es caer en una espiral descendente de cadenas de emociones negativas que te arrastran hacia la profundidad sin dejarte emerger.

Conforme más bajo se cae, los pensamientos se vuelven más negativos, desesperanzadores, llenos de ira, egoísmo, juicios y reclamos, Comienzan a fluir las malas decisiones en donde sentirse la víctima es lo común, ser el protagonista de la obra, y para culminar el momento, comienzan a encontrarse recuerdos del pasado, llenos de reproches hacia uno mismo y hacia los involucrados; llegando un instante en el que la frustración atrapa y no permite respirar, entonces cualquier emoción que se emane, solo llevará a cometer errores y de regreso al mismo lugar en donde se comenzó, mientras el ego engrandecido continúa desarrollándose.

Aprende el arte de reconocer a la voz del ego para vencer los miedos que te provoca, de lo contrario no encontrarás respuestas, mucho menos la salida, entonces la vida te repetirá patrones con diferentes rostros, en diferentes espacios, pero siempre con el mismo sentimiento de miedo que provocará en ti emociones adversas, llenas de equivocaciones y fracasos. *Recuerda que miedo es igual a cualquier emoción negativa, puedes pensar que estás enojado y no con miedo, pero la ira se produce por algún miedo que no reconoces.

Por favor no te sientas mal ni te angusties, respira profundo y relájate porque con los ejercicios de limpieza de Chakras y "El Laberinto del Séptimo Rayo 7°'" vas a encontrar la forma de reconocer a tu ego, a tus miedos, aprenderás a sentirlos, analizarlos, superarlos y a usarlos a tu favor. Cada línea te llevará de la mano para lograrlo, pero por favor no te adelantes, no te brinques capítulos porque es necesario que antes de empezarlo, hayas comprendido e identificado tus patrones de pensamientos y sentimientos. ¡Es tiempo de que te sientas libre al fin!

Ahora respira profundo nuevamente; no intentes culparte o buscar culpables, recuerda que todos los que estamos en esta maravillosa experiencia llamada vida, nos hemos dejado llevar por nuestro ego, vivimos de esta manera porque así está escrito, con el miedo siendo el motor de vida que nos guía, por eso cometemos tantos errores y equivocaciones. Nacimos y llegamos a este hermoso Planeta Dual, para conquistar al ego y derrumbar al miedo, para triunfar y seducirlo con Amor, para que sea él quien caiga en nuestras redes de Luz, pero únicamente los más fuertes lo lograrán, aquellos que hayan elevado su consciencia despertado a su verdad, son los que sobrevolarán esta tempestad oscura para salir victoriosos a un estado de Amor, Paz, Salud, Prosperidad y Tranquilidad.

Si tu despertar está en proceso o ya has despertado, sabrás que eres un Ser de Luz perfecta, tu consciencia es la

energía del Universo, eres parte de él únicamente que, al llegar a habitar en este hermoso planeta, el cual se rige por la dualidad, se te otorga un cuerpo físico al que te tienes que adaptar en todos sentidos, especialmente a su energía densa, si todo en la Madre Tierra es así, no tendría por qué ser diferente contigo.

Ahora la meta es despertar realmente a la verdad; elevar ese nivel de consciencia y frecuencia para que estés cada vez más consciente de tus pensamientos, para eso debes dominar al ego, eliminar el egoísmo, el egocentrismo y los juicios, aprender del miedo conquistándolo y seduciéndolo con Amor, para comenzar a generar las emociones más hermosas que jamás hayas experimentado, aprende a observar la lección detrás de cada error para no volverlo a cometer, tú tienes el poder de decidir ya que solo tú eres el responsable de lo que sucede; debes dejar de señalar a otras personas, porque solo entonces podrás actuar correctamente, con estabilidad y congruencia, reconociendo tus compromisos y respetándolos, estar alineado con tu Divinidad y, sobre todo ser estable y congruente con tus pensamientos, palabras y hechos, respetando tu ser y tu consciencia para que cuando sea el tiempo, puedas regresar a Casa en PAZ.

Esta no es la primera vez que has venido a vivir una experiencia terrenal, ni será la última, pero procura aprender, crecer, ser honesto, tener estabilidad, ver más allá de tus ojos físicos, para que tus necesidades actuales no sean siempre las mismas o peores, así tu próxima vida no será igual, llegarás a una vida más plena, más libre, más llena de aciertos, metas cumplidas y sueños logrados. Comienza ya a hacerlo, libérate de esa cadena de emociones tóxicas que te tiene atrapado, tú puedes lograrlo venciendo tus miedos y junto con ellos tu Ego, Egoísmo, Egocentrismo y Juicios.

Se congruente contigo mismo, piensa, habla y actúa desde el amor y por amor; nunca vuelvas a lastimar a nadie consciente o inconscientemente, mucho menos nunca te vuelvas a lastimar a ti mismo y verás cómo los miedos, comienzan a desaparecer mientras el Amor se apodera de tu Alma llevándote a un camino de éxitos.

Pensamiento proveniente del Ego

Cuando un pensamiento viene del Ego, significa que viene del miedo, de la voz del interior que dice quién eres y quién debes ser en base al sistema de creencias limitantes, es la voz que siempre te recuerda que todo está complicado, que es muy difícil, que está mal, que debes cambiar sin importar a quien lastimes en el proceso incluyéndote a ti mismo, es esa voz que te recuerda que debes tener MIEDO, que no eres suficiente, que no es suficiente, que no vas a poder, etc. ¿Quién no ha tenido miedo alguna vez?

Cuando el Ego interfiere, que es todo el tiempo, si no lo sabes ubicar y controlar te va a devorar, llenándote de miedo, adquiriendo una voz más fuerte con el tiempo, que retumba

una y otra vez en tu cabeza, recordándote todo el dolor, fracasos y frustraciones que has vivido en tu vida, susurrándote al oído que debes también cumplir con ese sistema de creencias limitantes que tatuaron en tu alma y que te ha costado tanto trabajo borrar, todas las reglas y normas por cumplir a la sociedad, todos sus egos por satisfacer.

Seguramente en más de una ocasión has identificado el pensamiento proveniente del ego, pero no le has dado la importancia que debías creyendo que no era necesario, entonces lo ignoraste sufriendo las consecuencias. Se debe tener cuidado ya que el ego es como un asesino suelto que está en constante acecho, poniendo trampas y colocando obstáculos para que siempre tropecemos con sus trucos, nunca descansa, lanza uno tras otro, si logras esquivar alguno, de un momento a otro vuelven y resurgen las cicatrices del sistema de creencias, marcándonos con sangre en la piel nuevamente las reglas, mientras en el cerebro retumban las palabras, las instrucciones, las amenazas, con la voz de muchas personas que contribuyeron a redactar esas reglas, como si se tratara de una película de terror, el subconsciente escucha todas esas órdenes haciéndole recordar al consciente todo lo complicado que es la vida y lo muy difícil que es salir adelante.

En ese momento se siente uno derrotado, se tiene la certeza de que será muy complicado, por lo que interponiendo el miedo por delante se encuentra el valor con tal de lograr lo que se desea, surgen las opciones mientras la angustia por cumplir carcome; entonces la Luz se empieza a apagar comenzando a pisar el terreno de la oscuridad en medio de las sombras, dentro de ese lado oscuro que muestra el camino a tomar malas decisiones, sin importar nada ni nadie, diciendo que se puede pasar por encima de todos los involucrados, incluso de uno mismo y de sus seres queridos con tal de lograrlo, motivándote a hacerlo sin importar en absoluto ya que se está decidido a encontrar el estado que se marcó como "felicidad", a cualquier costo.

Cuando el ser humano siente que ya lo está logrando, surge de nueva cuenta el pensamiento del ego, ya que para él nunca es suficiente lo que se tiene, las personas que están cerca no son suficientes, los logros no son suficientes, la vida laboral ya no es suficiente, la vida personal y familiar no es suficiente, ni que decir de la vida amorosa, esa persona especial con la cual se compartieron muchos momentos de felicidad, ya no es suficiente tampoco, porque el ego dice que ahora hay que ir por más, que se logró obtener mucho y que seguramente se logrará obtener más, hace sentir que esa relación ya cumplió lo que debía de satisfacer, y de un momento a otro simplemente ya no es suficiente, incitando a buscar más, sin dar importancia a los sentimientos de ese otro ser humano, es como si esa persona especial se hubiera convertido en un mueble usado que se encuentra en un rincón, viejo y no tan cómodo como hace tiempo, que ya sus resortes que antes acariciaban, ahora se encajan. Está bien que se quiera crecer, pero no a costa de los demás, hay que detenerse a admirar el paisaje y a las personas que se encuentran amándote a tu lado, ya que seguramente son mucho mejores de lo que parecen ser, lo que sucede es que dejaste de verlas y, si las

llegas a perder, va a ser muy difícil que te vuelvas a encontrar a alguien como ellas.

Ese ego es el que hace cometer muchos errores, que además de lastimar a las terceras personas, lastiman a uno mismo, porque no permiten avanzar, porque no permiten mantener algo o a alguien estable en tu vida, porque no te permiten ver el crecimiento propio, porque no deja sentir para saber qué es eso que realmente se necesita para ser feliz. Cuando se está dentro de las artimañas del ego, la mirada se nubla sin permitir ver claramente, lo que provoca que se tengan las mismas experiencias una y otra vez, perdiendo el rumbo de vida una y otra vez, cambiando de empleo, de casa, de ciudad, de pareja, de gustos, de pensamientos, una y otra vez, rondando por un laberinto del cual es difícil escapar.

Existen momentos en los que el ser humano también logra escapar del pensamiento del ego, evolucionando de buena manera, sin embargo, vuelve a caer en esa jugosa tentación de sentirse víctima o superior a los demás, comenzando a retroceder sin darse cuenta. Dando pasos hacia atrás, involucionando, cuando la meta en esta vida es evolucionar. Siempre hay que ir caminando hacia delante, como dice el dicho, "para atrás ni para tomar vuelo", siempre se debe estar atento a encontrar cosas positivas, siempre existen, aún en los lugares y momentos más oscuros, siempre detrás de lo malo se esconde algo bueno, siendo eso lo que hay que buscar, por muy malo que parezca tiene su belleza escondida, se debe enseñar a la mente a trascender las enseñanzas negativas, a des-aprender las creencias limitantes y a comenzar con una nueva guía, llena de Luz de Amor.

El ego nunca se satisface, por eso mi insistencia de que lo ubiques y lo controles, ya que siempre estará buscando más y más, una vez que hayas caído en su trampa, curiosamente mientras te mal aconseja diciéndote que mereces más, que te muevas de donde estás, te recuerda que tú no eres capaz y que no lo vas a lograr, alimentándose de tu confusión, gozando de tu incertidumbre mientras tú te tambaleas y, es que para el ego el confundirte es su carta maestra, juega con tu mente, con tus sentimientos, tus emociones y tu sentir, te dice que consigas algo mejor, cuando en realidad no quiere que lo hagas, solo quiere hacerte sentir vulnerable, recordarte que no eres capaz de conseguir nada, por ejemplo, la voz del ego te puede decir que el empleo en el que estás es insuficiente para ti, o que la persona que es tu pareja es insignificante o aburrida, incitándote a buscar a alguien que cumpla "tus expectativas" para que seas feliz, pero realmente no quiere que seas feliz, por lo que aunque te topes con una princesa hermosa que te hace reír, que te ama, que te comprenda profundamente, el ego te dirá que mereces más, entonces te alejas y en ese momento te dice, a pero me se olvidaba decirte que no tienes la capacidad de conseguirlo, entonces terminas muy confundido sin saber realmente lo que quieres, dando tumbos como pelota de Pinball entre tu cadena de emociones tóxicas, cubierto de pensamientos hermanos provenientes del miedo.

Espero que con estos ejemplos y explicaciones hayas logrado descubrir que tanto tiempo te encuentras enredado en los pensamientos provenientes del ego. Apúntalo en el área de "Análisis del Pensamiento" al final del libro. Recuerda que no se trata de juicios, ya que todos hemos caído en la voz del ego, lo importante es que lo identifiques, te darás cuenta que, alejándote del miedo, tu Ego calla. Así que trabajaremos para dominar los pensamientos de miedo y transmutarlos. Ponle un alto a tu ego para que deje de vociferar, haciéndote volar primero mientras te sientes muy superior y derrumbándote después de un solo golpe.

Estoy segura que esos pensamientos de miedo, de inseguridad, salientes del ego te duelen, te lastiman y te hacen fracasar, provocando que en verdad no puedas conseguir lo que te estás proponiendo, no puedas encontrar lo que deseas, no te dejan ser auténtico, ser tú mismo, sacar el verdadero Amor que existe en ti, para repartirlo entre tus seres queridos. Ese pensamiento de miedo hay que eliminarlo, demostrarle al ego, que su voz en tu Interior marcándote quién eres y quien debes ser en base a un sistema de creencias limitantes, ya no tiene la fuerza suficiente para estar dañándote, que ahora tomas las riendas de tus emociones para decidir pensar y sentir, únicamente en el bien basado en el amor y por amor, en aquello que realmente te hace feliz.

Pensamiento egoísta

Cuando el pensamiento proveniente del ego, cae en el juicio, prepotencia, desagradecimiento e ingratitud, se convierte en un pensamiento egoísta que se transforma en egolatría; suceden por lo regular cuando el ser humano cree que no se equivoca. Cuando se ama o admira tanto que cree que tiene la razón y la verdad absoluta en alguna o muchas situaciones; siente que es casi perfecto e incomprendido porque nadie se da cuenta de su valor, y que únicamente lo que él siente y piensa es lo que realmente es.

Por lo regular espera demasiado de los demás, quiere que piensen, sientan y actúen como él lo haría, entonces se siente cansado de esperar a que suceda lo que está esperando que suceda. Esta persona cuenta con muchas ganas de avanzar y seguir adelante, sin embargo, suceden muchas cosas menos lo que él ya decidió que es lo correcto, por lo que lo aborda la confusión llevándolo al punto en el que ya no sabe qué rumbo tomar.

Con este tipo de pensamiento ocurre que se crean muchas expectativas hacia un futuro que aún no existe, en lugar de vivir disfrutando el presente, aquí y ahora. Entonces permanece en una espera eterna para que sucedan las cosas tal y como se imaginaron. Así transcurren sus días, intentando ser feliz, volviendo a fallar sin darse cuenta de que todos a pesar de que somos UNO, también somos seres diferentes e independientes, que nadie responderá, ni actuará de la misma manera que él lo hace, sin darse cuenta también que el cami-

no se desarrolla dependiendo de todos los factores, propios y ajenos ya que no depende de él únicamente.

Al estar elaborando pensamientos egoístas, llega un estado de agobio en el que ya será muy complicado concebir pensamientos positivos. Entonces la situación, el día, las horas, todo se torna oscuro y negativo, con mucha desesperación por no obtener lo que se desea, llegando a un punto en el que ya ni siquiera sabe porque está teniendo emociones negativas, ni sabe ya a ciencia cierta qué es lo que realmente quiere, por lo regular integrándose al país de las víctimas, que es un lugar en el que el egoísmo lo colocó, muchas veces cayendo en el papel de incomprendido porque no saben darle o atenderlo o entregarle, etc., formando cientos de pensamientos hermanos que el subconsciente comienza a bombardear hacia el consciente, retrocediendo en vibración mientras se cae en más pensamientos de egoísmo.

En ese momento cuando el egoísmo se apodera de la persona, le causa emociones de desagradecimiento e ingratitud, olvidando por completo todo lo bueno que tiene o que está recibiendo, ya no importa nada, únicamente esa imagen que fabricó del futuro que nunca llegó, cubriéndose de un sentido egoísta que hasta se le olvida agradecer cuando debe hacerlo. Ya es tanta la frustración que, si lo hace siente que ya agradeció suficiente, pero detrás del agradecimiento o el reconocimiento viene algún comentario o pensamiento negativo, de reproche o aversión.

Por poner un ejemplo sencillo de la vida diaria puedo decir que, en un restaurante, una tienda, el súper, el banco o cualquier establecimiento, hay ocasiones en las que el mal humor aparece porque se cree que no están atendiendo como "se debe", entonces comienzan a brotar los juicios y los pensamientos negativos. Se comienza a sacar conclusiones de todo lo mal que lo están haciendo, pensando que deberían hacerlo de mejor manera. Cuando sucede esto, nunca se toma en cuenta los factores de la otra persona, no se sabe si es su primer día y está nerviosa, si tiene un problema grave o simplemente amaneció de mal humor. Cualquiera que sea el motivo, no es motivo suficiente para ser juzgada, criticada y tal vez hasta mal tratada. Entonces cuando el servicio termina, si se tiene la suficiente educación se agradece, aunque con mil reproches en sus pensamientos y emociones.

Seguramente has estado involucrado en una situación como esta porque estoy segura que, este tipo de pensamiento por lo menos te ha atacado en alguna ocasión, nadie se ha escapado del pensamiento egoísta, ni siquiera tú y es mejor que los reconozcas para que te liberes de ellos porque sé que no te gustan. Para que logres identificarlos, existen algunas frases que son clásicas de este pensamiento: *"¿gracias de qué, Nunca sucedió lo que debía suceder, no hizo esfuerzos para lograrlo, no piensa como yo, para esta persona es muy fácil pero no es así, no me ayuda en nada, no tengo nada, por su culpa no soy lo que quiero ser, no obtuve lo que deseaba, no me llena, no me entrega lo suficiente, me lo entregó algún día, pero ya no más. ¿Gracias? ¿de qué o por qué?, no cumple bien con su labor, no sabe atender, estaba equivocado, ahorita ya estoy harto de lo mismo y merezco ser feliz, esta persona*

ya no me hace feliz, me va a engañar como lo hizo alguien más, etc."

Por otro lado, durante algunas situaciones personales cuando llegan pensamientos egoístas, inmediatamente se cae en el país de las víctimas porque nadie comprende o son muy malos haciendo lo que deben hacer, no valoran, no comprenden, y con el corazón roto teniendo la "verdad absoluta" en las manos, creen que sus seres queridos no los han amado como los deberían de amar, que los seres cercanos no los admiran como los deberían de admirar, aplaudir, llamar, ayudar e impulsar, piensan que en su lugar muchos de ellos critican, apachurran, juzgan porque son una bola de juiciosos, sin darse cuenta que el que está emitiendo juicios es el, mientras le resta valor a las personas, utilizando tal vez pensamientos similares a este: *"Son unos egoístas, me critican y me juzgan sin conocerme bien, no me quiere, solo piensa en su beneficio, no saben lo que hacen o quieren, deberían aprender a no juzgar, a tener un gran corazón como el mío, no hizo lo suficiente, no le echo ganas".*

Ese es el pensamiento del egoísmo y cuando te ataca, te dice que mandes todo al demonio, que comiences a tomar decisiones diferentes, hacia otros rumbos para encontrar la verdadera felicidad, algo mucho mejor de lo que tenías, porque realmente eso que tienes o tenías no te hacía feliz. Entonces, con tus ojos nublados por el egoísmo y el miedo, sin detenerte a analizar más nada, terminas con todo y comienzas de nuevo con el pensamiento de desear otra cosa, combinado con los pensamientos hermanos de frustración y enojo de la experiencia pasada, según tú lo estás haciendo correctamente, sin embargo, estás atado en una cadena de emociones tóxicas que no te permiten pensar con claridad.

De tal manera que, si no se reconocen esos pensamientos egoístas, sucede de nuevo el proceso de atracción a la realidad con el pensamiento y los pensamientos hermanos que se han generado en relación a cada suceso, encontrándose atados a la cadena de emociones tóxicas, mientras son guiados otra vez por el subconsciente hacia el consciente con pensamientos egoístas. Por más que se quiera tener otro tipo de camino, siempre se caerá en el mismo, otra vez mismas situaciones, diferentes personas y lugares, a veces incluso con las mismas personas.

Y eso pasa porque el Chakra del poder alberga el pensamiento de deseo junto con el sentimiento del miedo que no se ha ido, se confunde porque por un lado escucha el deseo, pero por otro lado siente vibrar a la frecuencia del miedo, entonces piensa, esta persona está generando pensamientos de miedo porque no logró lo que esperaba, además cree que es por culpa de los involucrados, creo que quiere repetir la experiencia; continuando con su proceso le dice al Chakra del corazón: ¡hey corazón! ¡Pst! ahí te va este pensamiento que generó esta persona porque quiere lograr algo mejor, sin embargo, continúa con el sentimiento del miedo y su pensamiento fue egoísta; el corazón lo recibe y dice "ah caray", lo recibo con el sentimiento del miedo para seguirle generando emociones de egoísmo hasta que logre dominarlos, porque eso es lo que desea, entonces esas emociones que comienzas a generar después de todo el proceso, van directo al universo. El Universo recibe las emociones de frustración, coraje, desesperación, decepción, etc. y rebota la frecuencia del miedo egoísta para continuar con la misma frecuencia que se envió, así repitiendo la experiencia, hasta que se haya aprendido y reconocido el pensamiento y la participación de la persona.

Si caes en pensamientos egoístas nunca encontrarás nada de lo que estás buscando porque, aunque las cosas estén frente a ti, jamás las va a ver por estar tan enredado en tu cadena de emociones, cayendo a un nivel de frecuencia tan bajo que lo más banal adquiere valor, mientras que lo valioso se torna indeseable, los pensamientos se atrofian siendo muy difícil alzar el vuelo de nueva cuenta para ver más allá del horizonte. Llega un momento en el que incluso puedes volverte envidioso degradando los éxitos de los demás, buscas tener todos los aplausos para ti. Si en tu vocabulario viven palabras como: "te lo dije, pero no me hiciste caso", "yo lo sabía", "siempre lo supe", "nunca me escuchas", "eres muy necio", etc. Significa que tu ego te hace pensar que solo tú tienes las respuestas, por lo que la razón y la verdad absoluta te pertenecen, siempre será la culpa de los demás, hasta que no reconozcas que tú eres el actor principal en tu obra; sal del país de las víctimas, deja de creer que eres perfecto o casi perfecto, sí sé que tú eres muy "bueno" y has procurado dar todo lo "bueno", con la certeza de que le echaste muchas ganas, pero no eres perfecto y has cometido errores como cualquier ser humano.

Está muy bien creer en ti mismo y contar con una gran seguridad, pero no te olvides de la humildad, de reconocer errores y de saber que nadie tiene la verdad absoluta, ni siquiera tú, así que domina ese ego que te hace sentir ser alguien que no eres. Te recomiendo que a partir de ahora comiences por tomarte un tiempo antes de hablar, responder, tomar decisiones, actuar de alguna manera. Analiza de donde está saliendo ese pensamiento, sentimiento, idea, emoción y si viene de tu ego empoderado, cállalo con un pensamiento positivo, de amor y confianza.

Tu propósito por supuesto es ser feliz y que todo salga bien, pero esa no es la vida real. Lo importante es encontrar ese pensamiento que obstruye tu camino sin dejarte avanzar. Si estás en busca de la "perfección", cuéntame ¿qué tipo de perfección estás buscando, de acuerdo a que o a quién? esa palabra está muy lejos de cualquiera ya que depende de la perspectiva de cada quién, por eso debes ser muy inteligente para tomar las decisiones adecuadas, no a costa de la ingratitud, la prepotencia o el sufrimiento de los demás, ya que cuando así sucede tu vibración baja emitiendo una frecuencia equivocada, y el universo te escucha y otra vez responde devolviéndote las mismas experiencias con diferentes rostros y nuevos lugares.

Recuerda que cada quién recorre su camino a su tiempo, es algo que se debe entender muy bien, lo que cada persona hace, es lo máximo que puede hacer en ese momento y no se le debe exigir más, el entrar en juicios, señalamientos y prepotencia, solo te acarreará malos momentos a ti, procura evitarlos. Deja tus conclusiones a un lado porque no tienen validez general, como dice el dicho, cada cabeza es un mundo

y, sí lo es. En tus manos está el que puedas sonreír diariamente, elige hacerlo.

Cuando el pensamiento viene del Egocentrismo

Esta parte es un poco más fuerte para los seres que viven aquí todo el tiempo o bien, que conviven con una persona así. Este tipo de pensamiento permite pensar solo en sí mismo, por lo que la ingratitud y la prepotencia son emociones constantes en estos individuos, además siempre tienen un poco de codicia, ambición, comodidad y voracidad; vivir en este estado o pasar momentos con pensamientos provenientes del egocentrismo, empuja al ser humano a fijarse únicamente en sus deseos, sin importar los demás. Se vive en un estado de insatisfacción total porque nada ni nadie es suficiente, se desconectan del resto de los seres humanos. Y aunque intenten poner lo mejor de sí mismos para los demás, tarde o temprano terminan huyendo, para ellos lo mejor es aislarse enfocándose únicamente en sus necesidades.

Siendo honestos, es muy difícil vivir en este estado ya que cuando el pensamiento del egocentrismo llega, existe un vacío constante con el sentimiento de que lo que se recibe es poco, que se ha conseguido poco, que le han valorado poco, que no le toman en cuenta, que no está satisfecho, entonces se cae en muchos pensamientos hermanos como: "yo he dado siempre lo mejor de mí, pero esto no me va a llevar a ningún lado y yo quiero otras cosas, entonces por eso mejor me voy a buscar lo que me hace falta y que me merezco a otro lugar". Son seres humanos que se pasan la vida comenzando cosas sin lograr completarlas, logrando en un inicio su propósito porque son astutos, aunque no les importa tergiversar, engañar o mentirse a sí mismos y a las personas cercanas para justificar sus fines y obtener los resultados que buscan, desafortunadamente con el pensamiento proveniente del egocentrismo, terminan en el mismo lugar una y otra vez.

Lo complicado, es que en este nivel en verdad se sufre y hacen sufrir a sus seres queridos, ya que se vive de planta en el país de las víctimas, siempre con las emociones al tope, llenos de pensamientos que lo único que logran es confundirlos cada vez más. Desde ahí los culpables son las personas y los hechos externos, las emociones tóxicas abundan, se rodean de ingratitud y avaricia desde un punto de vista muy cómodo ya que se señala y se culpa a todo lo que está alrededor, a todo lo ajeno, a todo lo externo, nunca nada proviene de dentro de sí, todo lo que sucede, sucede porque fallan, los planes, los gobiernos, las personas, el planeta, el sistema, las familias; siempre, siempre, viene de fuera por eso siempre se cae de nuevo en estas emociones tóxicas. Entonces ¿qué sucede? Una vez más se encuentra en un estado de algo que "no merece", otra vez con el pensamiento de querer algo mejor.

Mucha gente vive en este estado sin darse cuenta, no es que sean malas personas, aunque algunos sí ya cayeron del lado de sus sombras, afortunadamente son pocos. Lo que sí es un hecho es que tú también has caído en estos pensamientos provenientes del egocentrismo, como lo hemos hecho todos. Para que puedas identificar este tipo de pensamiento, te dejo algunas frases que seguramente has pronunciado alguna vez. A todas las personas no les gusta perder y buscan la competencia, algunas en todo momento planteándose frases desde el juicio, como las siguientes: ¿quién es mejor? ¿quién lo desarrolla mejor? ¿quién se tarda menos?, ¿quién es más exitoso? que gane el mejor, no sabes con quién te metes, y quién te crees que eres, me molesta tener que buscarte, etc. Cuando las piensas o las dices significa que tu ego te tiene atrapado.

Si esto te ha sucedido, identificarás la emoción de frustración inmediatamente ya que es como haber experimentado un fracaso, en el cual en muchas ocasiones está involucrada la obligación, y esa emoción no es nada agradable para quienes se sienten incomprendidos como es el caso con las personas que generan pensamientos desde el egocentrismo, ya que además en ese estado se pierde la estabilidad, la congruencia, la seguridad, se deja de perseverar, como dice el dicho, se tira la toalla y se comienza de nuevo por otro rumbo.

Seguramente lo viviste con esfuerzo, una gran lucha porque mereces algo mejor, quieres ser feliz, dejar de sufrir, sin embargo, a la larga terminas de la misma manera, diferentes nombres, diferentes lugares, pero los mismos resultados. Porque además de que no aprendiste, continúas con los mismos patrones y proceso de esos pensamientos con su sentimiento de miedo, los cuales actúan de la siguiente manera: El tercer Chakra dice OK, tu pensamiento de querer algo mejor, viene con egocentrismo, que me indica que quieres vencer el miedo que te invade en esta situación; de tal manera que ese pensamiento lo envía lleno de miedo al corazón, diciéndole "Hey corazón, ahí te va este pensamiento de egocentrismo, que viene lleno de miedo, porque quiere cambiar lo que ya tenía, pero sintió que no era suficiente, ahora quiere repetir la experiencia para lograr lo que desea", entonces el corazón lo recibe y dice, OK, recibido el pensamiento con el egocentrismo y el miedo, de tal manera que el corazón lo envía por medio de una vibración al universo diciendo, esta persona dice que se quiere mover al mismo lugar donde ha estado siempre pero con diferentes personas y formas, porque éstas ya no son suficientes. Entonces el universo eso es lo que te regresa, el mismo lugar donde has estado siempre, tal vez con otro panorama, tal vez con otro nombre, tal vez con otra perspectiva, pero lo mismo donde has estado siempre. Porque hasta que no tomes en cuenta los pensamientos y sentimientos de las personas involucradas, será muy difícil que encuentres "lo suficiente".

*Ve de nueva cuenta al final del libro a la hoja de Emociones y escribe cuál es tu emoción actual, qué es lo que estás sintiendo después de haber leído toda la información de este capítulo.

Pensamiento de Inseguridad

Cuando el pensamiento proviene de la inseguridad, es completamente lo opuesto al egocentrismo, simplemente es cuando el miedo ha sido tan grande que la emoción que genera es la emoción de derrota, sin siquiera haberlo intentado. Los pensamientos negativos llegan antes de tiempo, aferrándose a la mente consciente, abordan y no sueltan, se cree en verdad que las metas son inalcanzables, ya sean laborales, personales, sentimentales, familiares, etc. Haciendo muy cansada la vida. Este pensamiento por lo regular aborda constantemente a las personas que han sufrido mucho y que de cierta manera se sientes abandonados.

Por otro lado también, algo que es muy usual en los seres humanos es el pensamiento de inseguridad cuando se trata de Amor. Tristemente en este tiempo hay muchas personas solas, que desean encontrar a un cómplice para pasar el resto de sus vidas juntos, sin embargo, se boicotean con este tipo de pensamiento porque han pasado muchas veces por la desilusión, después le acompañan sus pensamientos hermanos, creando una revolución en la mente inconsciente que brinca al consciente magnificándolos mientras la persona experimenta una emoción de terror incontenible.

Obviamente esto pasa inconscientemente, recuerda que la mente inconsciente es la que realmente nos gobierna y la que guarda todas las memorias, en este caso las dolorosas, de desilusión y fracaso; es por eso que al empezar a salir con alguien después de haber tenido alguna o algunas malas experiencias, es muy probable que inconscientemente se boicotee la nueva relación, por ejemplo: una persona se encuentra "sola" porque por alguna razón no le ha ido muy bien en el amor, sin embargo insiste en encontrar a ese ser especial que la valorará como nunca nadie lo ha hecho, sin embargo en ese momento se comienza a generar inconscientemente el pensamiento de inseguridad acompañado de sus pensamientos hermanos que son guiados el ego, recordándole todas las traiciones, mentiras, abandonos, abusos y fracasos llenándola de miedo, aunque de cualquier manera ella lo desea y piensa: yo quiero encontrar a mi pareja ideal, la buscaré y la encontraré; sin embargo, tambalea al pensarlo insertándole el miedo que la llena de sentimientos de inseguridad.

Ahí sucede el mismo procedimiento de atracción a la realidad, el Chakra del poder lo recibe con el sentimiento del miedo, enviándolo de esa manera al Chakra del corazón, entonces hace que el corazón produzca emociones basadas en el miedo como la inseguridad, enviándolo al universo y ¿adivina qué? ¿sabes qué le va a regresar el universo? puras personas que no sean afines a ella, que no son su pareja ideal, que no son esa persona especial que la va a hacer feliz, porque ella está mandando la señal de carencia y fracaso al universo, la necesidad de encontrar a alguien que no te de seguridad, de alguien que no sea estable, de alguien que no tiene la fuerza suficiente para luchar por ti, de alguien que no tiene las ganas de batallar para lograr obtener algún futuro brillante a tu lado.

El Universo va a regresar lo que se solicitó por medio de tu pensamiento, sentimiento y emoción. Tal vez ahorita te estés preguntando, ¿pero en qué momento pensó en el fracaso? Recuerda que el **pensamiento + el sentimiento = emoción**, es decir tu pensamiento pone el deseo de lo que quieres obtener, pero al momento de inyectarle el sentimiento, genera las emociones negativas. Ejemplo actual: *Pensamiento (Deseo tener pareja) + Sentimiento (miedo) = Emociones negativas (Inseguridad)*. Tú puedes engañarte a ti mismo, creyendo que estas generando emociones positivas y que estás enviando las señales correctas, pero nunca podrás engañar a tu Frecuencia, ella siempre vibrará de acuerdo al sentimiento que le hayas insertado al pensamiento. ¡Sí! Estás leyendo bien, ¡Tú generas las emociones a través de tu consciencia, que son el eco de tu vida!, todo lo bueno, lo malo y lo regular. Ahora mismo continúas haciéndolo.

Un caso curioso es que por lo regular la gente piensa que todo lo positivo ha sido gracias a sus logros, pero lo negativo ha sido por culpa de los demás o por las circunstancias. Nada más falso que eso, cada quién es el causante de su realidad, cada quién individualmente ha armado los caminos y desarrollado los finales con sus pensamientos que lo llevaron a tomar determinadas decisiones, aunque se piense que todo ha tenido que ver con el exterior. El pensamiento de inseguridad nos lleva a muchos fracasos.

Se podrá estar pensando "conscientemente" sobre alguna meta o propósito que se desea lograr, pero la mente inconsciente junto con el ego comienza a retumbar diciendo que es algo que siempre ha dado mucho trabajo y que no se va a lograr, en pocas palabras, con tu pensamiento subconsciente, tu sentimiento del miedo y tu emoción de inseguridad, es lo que consigues en la realidad, entonces estás formando tu realidad por supuesto desde el subconsciente sin darte cuenta, pongo de nuevo el ejemplo típico de la lotería, que al pensar que vas a comprar la lotería para ganarla, inmediatamente después con una milésima de segundo de diferencia, ya estás generando otro pensamiento de inseguridad que dice: "Yo nunca me he sacado ni el reintegro", automáticamente bloqueaste el pensamiento positivo. *Recuerda el consejo, cambia el orden y piensa: "Nunca me he sacado ni el reintegro, ahora compraré la lotería para ganarla"

Cuando el pensamiento viene del enamoramiento

Cuando una persona ama profundamente a otra, se dice que está enamorada y suceden un infinito de pensamientos, desafortunadamente no todos provienen del sentimiento del amor, muchos de ellos se generan desde el miedo. Esto como puedes ver, es una es un arma de dos filos porque si el enamoramiento está basado en el amor, ese pensamiento va a ser algo muy hermoso, muy real, muy lúcido, muy neto, pero si ese enamoramiento está basado en el miedo, entonces va a ser un problema, será muy complicado.

Cuando un pensamiento genera el deseo de que alguien sea feliz y se encuentre cerca de ti para disfrutar en unión la vida, obviamente estamos hablando del enamoramiento, se trata básicamente de dos personas que están tratando de hacer una vida juntos, o de las familias porque también se ama profundamente a los hijos o a los padres, pero en esta ocasión vamos hablar del enamoramiento en pareja.

Es el pensamiento basado en el amor de pareja, aquí casi siempre esta con el sentimiento del amor impregnado, lo cual lo hace mucho más letal cuando interviene el sentimiento del miedo. El pensamiento por lo regular es el querer compartir con esa persona el resto de la vida, viviendo una experiencia feliz, en paz y de mucho compañerismo y complicidad. Si tu pareja está en la misma frecuencia, todo va a fluir de buena manera, pero si tu pareja no está deseando lo mismo que tú, las frecuencias comenzarán a fluctuar y de un momento a otro, el miedo podrá hacer su acto de presencia, llevando hacia abajo esa relación.

En este tema, desafortunadamente no solo depende de la persona con el pensamiento proveniente del enamoramiento, sino de su pareja ya que llevan una vibración compartida, todo cuanto hace uno afecta al otro. ¿Increíble no? Pero así ES y esto es algo que deberían de saber todas las parejas para hacerse más responsables de sus relaciones, ya que con la mano en la cintura cualquiera puede mentir, engañar, traicionar, irse con otra persona para tener relaciones como si nada pasara, porque se engañan a sí mismos para ocultar su culpa diciéndose que si no se enteran y no lo ven pues no lo sienten y no pasa nada, ellos mientras con su egolatría "disfrutan" siguen con sus engaños y mentiras, aplicando muy contentos el dicho de: "ojos que no ven, corazón que no siente". Quiero que sepan que esto es completamente falso, tal vez podrán engañar a su consciente y al consciente de su pareja, sin embargo, en su inconsciente todo está entendido, anotado y captado.

Es muy importante también que comprendan que, al tener relaciones sexuales con otras personas, no solo se está expuesto físicamente, además se están intercambiando no solo frecuencias, sino fragmentos de alma, karma, darma, vibraciones, pactos, condenas. ¿Porque crees que el orgasmo es tan intenso? Este es un tema extenso en el cual no voy a profundizar, sin embargo, si quiero puntualizar que, por cada relación, adquieres todo eso de la persona con la que estuviste, más lo de las personas con las que ella estuvo, más lo de las personas de la persona con que ella estuvo y así subsecuentemente, súmale por cada una diferente con las que hayas estado. ¿Te imaginas cuántos fragmentos de Alma? ¿cuánto Karma, pactos y condenas que no te corresponden, vienes cargando? Y esto que tal vez aún no creas, lo pasas a esa pareja que te ama sin que ella sepa nada. ¿Será lo correcto?

Esta es una situación que tarde o temprano explota en las caras de los involucrados, aunque una persona quiera seguir con su farsa, el Alma de su pareja lo sentirá y el miedo atacará desmedido, sin importarle a quién destruya. La pareja comienza a percibir cosas, la duda llega, el miedo te rebasa, los problemas comienzan y continúan hasta su separación. Lo más triste es que esta persona a pesar de sentir que algo anda mal, siempre justifica a su pareja, buscando la parte en la que todo es bueno. Así esta persona se engaña a sí misma, haciéndose creer que la valoran, la aman y que nunca la lastimarían, continuando así, al lado de esa persona y su farsa, hasta que todo sale a la superficie, de alguna manera u otra, reventándole no solo el corazón, sino el alma misma.

Si en alguna ocasión tienes un pensamiento de enamoramiento, que se encuentra fortalecido por el sentimiento del amor y de un momento a otro lo aborda el miedo, simplemente corre; ahí ya no hay nada bueno para ti, únicamente te toparás con emociones de dolor, sufrimiento, impotencia y desesperación, quedándose contigo la emoción de fracaso que será la que envíes al universo de nueva cuenta, misma que te traerá de regreso con la misma experiencia, tal vez con la misma persona, tal vez con otra, pero otra vez en las mismas circunstancias. Aprende a identificar, tú mereces ser amado, respetado y valorado, al igual que cualquier persona en el mundo.

Por otro lado, si tienes pensamiento de enamoramiento proveniente del amor, te lleva a actuar desde el amor incondicional, aquí el peligro está en que la otra persona no sienta lo mismo. Si es un Amor que va en ambas direcciones, a pesar de los obstáculos que puedan existir en el camino, estas personas lucharán para vencerlos y poder seguir caminando en complicidad, tomados de la mano. Lastimosamente, hay ocasiones en que uno de los dos cree que se está caminando de esta manera y, de un momento a otro, sin esperarlo, su pareja la abandona. A pesar de esto, si se mantiene con pensamientos provenientes del Amor, lo que le sucederá será algo muy similar a un accidente. En el momento sentirá el fuerte golpe que se llevó su vida, sus planes y su "amor", con un dolor tan intenso que el mismo corazón duele, tendrá que permanecer en es frecuencia de Amor para no morir en vida, si lo logra, su corazón se regenerará, su mente, su alma y sus sentimientos se harán expertos de la resiliencia, se levantará, perdonará y deseará con todo su ser que esta persona encuentre lo que tanto busca para ser feliz, así habrá vencido el pensamiento del enamoramiento para elevar su frecuencia al pensamiento del amor puro. Con el perdón estará sellando su pensamiento de amor y el universo, tarde o temprano, la recompensará.

Cuando el pensamiento viene del amor puro

Aquí se resume todo el secreto para ser realmente feliz, cuando un pensamiento viene de tu verdadera esencia que es el amor puro, no tiene otra cosa más que el éxito, el triunfo al nivel que lo veas. Cuándo tú ejerces el sentimiento de amor puro desde tu Ser, el miedo no existe porque tienes la certeza de que lo que suceda, sucederá de la mejor y más elevada manera para tu más alto bien y el de tus seres queridos, los juicios ya no son importantes porque ahora sabes que cada quién camina a su propio ritmo, que nadie tiene porque hacer lo que tú crees conveniente sabiendo que nadie actúa para lastimarte deliberadamente, aunque así lo parezca ya que sabes perfectamente bien que no hay oscuridad que apague tu Luz, no existe, a menos que tú se lo permitas y eso sería a través del miedo y los juicios. Cuando logras este estado de Amor, es cuando entonces tu vida se transforma, llega el éxito personal, llega el éxito laboral, llega el éxito en pareja, llega la salud, llega la prosperidad, mientras el mundo y la vida se abren trayéndote paz, seguridad, confianza, felicidad y tranquilidad. Atrévete a probarlo, atrévete a soltar el pasado para vivir en tu presente con lo que tienes ahora mismo, disfrútalo y agradece, verás que cuando comiences a sentirlo de corazón, todo se acomoda.

Con esto no estoy diciendo que no vayan a ocurrir eventos que no te agraden, hay algunos de los que no nos podemos escapar, porque están escritos o pactados, siempre hay eventos, pero si esos mismos eventos los vives desde tu verdadera esencia que es el Amor, todo será más claro, fácil y llevadero. Además, el tiempo que estés en esta hermosa experiencia llamada vida, viviendo en este planeta que te alberga amorosamente, dándote todo cuanto necesitas y más, se transformará del sufrimiento al Amor, por fin podrás dejar de luchar, porque todo se te va a dar de una manera milagrosa. El ejercicio dEl Laberinto del Séptimo Rayo 7°, te sirve para que puedas comenzar a practicar el vivir en esta frecuencia, deberás ser constante ya que se comenzará durante algunos minutos del día y lo irás incrementando hasta que, sin siquiera pensarlo sea tu nueva forma de vida, yo sé que lo lograrás.

En tus manos está tu vida, el día que decidas vivir como lo que realmente eres, que es un Ser de Luz Divina, que tu espíritu es Amor porque estás hecho a imagen y semejanza del Creador, lograrás conquistar a tu ego, olvidarás los juicios, vencerás tus miedos, dejarás de tener prisa, comenzarás a disfrutar del camino, del paisaje, de tus seres queridos, dejarás de querer más cada vez, comenzando a apreciar lo que tienes, así por añadidura, llegarán a ti más cosas, sin siquiera pedirlo, porque esa es la frecuencia que estarás enviando al universo, misma que él te devolverá llena de regalos. Sé que No es fácil porque llevas muchos años viviendo con el miedo como motor de vida, pero si te lo propones lo lograrás, un día a la vez. Por lo pronto hoy ya llevas unos pasos por delante.

Vas a darte cuenta que lo has logrado cuando cada día al despertar, te sientas tan bien que tu primer instinto será agradecer por tus seres queridos, por todo lo que tienes y eres, por todo lo que la vida te ha dado, por un día más de oportunidades infinitas, de reconocimiento, de admiración a este hermoso planeta, por todo lo bueno, todo lo malo, todo lo regular, ya que cuando tu pensamiento viene del amor puro, solo vas a encontrar la luz, aún en los lugares más oscuros, y vas a agradecer por esa luz donde todo el mundo ve oscuridad, cuando tu pensamiento viene del amor puro, el mundo no deja de maravillarte, la vida no deja de sorprenderte, tus seres queridos no dejan de amarte, tú no dejas de admirarlos y sobretodo llevarás Luz a quienes lo necesiten.

Ve de nueva cuenta al final del libro a la hoja de Emociones y escribe cuál es tu emoción actual, qué es lo que estás sintiendo después de haber leído toda la información de este capítulo.

CAPÍTULO 7
Las Emociones Afectan tu Energía

Tu Estado de Ánimo

Como seguramente te has dado cuenta, dependes de tus emociones para tu estado de ánimo, de tal manera que las negativas te provocan sentirte mal, no únicamente sentimentalmente sino mental, física y espiritualmente, así como también podrán darte un empujón anímico positivo cuando tengas emociones buenas, pero, ¿Por qué una emoción puede tumbarte de un momento a otro?

Así como deberás mantener tu llama trina equilibrada, de la misma manera es de vital importancia mantener limpios y sanos tus Centros de Energía, esos que se conocen como "Chakras". Podrás hacerlo controlando tus pensamientos y sentimientos, ya que tus emociones son los que los hacen girar sanamente o enfermar.

Los Chakras son remolinos de energía a través de los cuales nace tu fuerza para vivir y sobrevivir. Tenemos el cuerpo lleno de estos remolinos, sin embargo, hay 7 que son los principales por lo que deberás prestar mucha atención a ellos. Si se mantienen sanos, los miles de chakras pequeños, se limpiarán con la energía tan potente que estos emiten. Si, por el contrario, éstos se encuentran sucios o tapados, no funcionarán bien, ni mantendrán sanos a los chakras pequeños que se encuentren a su alrededor.

Cuando uno de los Chakras está sucio y enfermo, el resto de los Chakras principales querrán limpiarlo, lográndolo en ocasiones, si estos están muy limpios y sanos, aunque comienzan a trabajar forzado y de mala manera, por lo que lo más frecuente es que también comiencen a ensuciarse, taparse y enfermar.

Estos centros o remolinos de energía nos afectan física, mental, sentimental y espiritualmente, aunque agregaré también el etérico-astral. Aquí un ejemplo básico de cada área para comprender cómo es que influyen en nuestro bienestar:

✳ **Físicamente** influye en tu energía, puedes llegar a sentirte muy cansado o con dolores de cabeza y espalda si estás con emociones negativas o tóxicas, o bien con mucha vitalidad si estás pasando por emociones positivas, además cada uno de los chakras tiene su espacio en el que trabaja individualmente, es decir están ligados a determinados órganos y áreas de tu cuerpo, podrás ubicarlos en la descripción que hacemos de cada uno de ellos. Cuando un chakra se desequilibra los órganos involucrados comienzan a dar problemas, desde leves hasta muy fuertes, dependiendo de qué tan sucio o tapado este ese remolino. Cuando se encuentra ya sin girar, es cuando los órganos están muy factibles a enfermar gravemente.

✳ **Mentalmente** influyen en el positivismo o el negativismo, todas las ideas, las palabras, las metas y la generación de pensamientos suceden desde la energía que estás emitiendo, por lo que es uno de los puntos más importantes a tratar, ya que cuando estás inmerso en pensamientos negativos, como los que describimos

anteriormente, vas cayendo en una espiral, tus chakras enferman y mentalmente te siguen provocando pensamientos negativos, es por eso que los pensamientos hermanos también se contagian, esto podría llevarte al fondo de esa espiral sin esperanza ni Luz.

✳ **Sentimentalmente** influyen en tu seguridad, podrás experimentar miedos de todo tipo, imaginar cosas que no existen, estar pensando en el pasado o en un futuro llenándote de miedos ficticios, etc. En cambio, si se encuentran limpios estarás completamente tranquilo con tus seres queridos, sin miedo ni alucinaciones.

✳ **Espiritualmente** influyen con tu conexión, con tu Yo Superior, con tú Divinidad y por supuesto con la conexión que puedas tener con tus guías, ángeles, maestros ascendidos, Dios, el Creador, Padre, Madre, Universo. De tal manera que tu despertar se prolongará y te mantendrás más tiempo con tus sentidos puestos únicamente en tu parte terrenal, en el mundo dual, siéndote muy difícil controlar tus pensamientos y, por lo tanto, tus emociones alterarán tu vida.

✳ **Etérico-Astral (Alma y Espíritu),** aquí reside tu despertar, el nivel de Consciencia en el que te encuentras. Cuando los Chakras están sucios o tapados parcialmente, los colores en tu aura estarán opacos y, los velos que llevas en los ojos permanecerán ahí sin permitirte crecer o avanzar, te será más complicado ver la realidad por lo que vivirás en el mundo de la forma sin mayor evolución en tu Ser. Tu misión podría verse truncada, por lo que se repetirían otras vidas iguales a esta. Aunque seguiremos viviendo diferentes vidas hasta logras la iluminación, la meta está en ir avanzando, aprendiendo, mientras más rápido y mejor, el camino será más ligero y las próximas oportunidades de vida mucho más fructíferas.

Chakras Principales
Centros Energéticos

7° Chakra
सहस्रार Sahasrāra
Coronilla

6° Chakra
आज्ञा Ajna - Tercer Ojo

5° Chakra
वशिुद्ध Viśuddhi
Garganta

4° Chakra
अनाहत Anāhata
Corazón

3er Chakra
मणिपूर Maṇipūra
Plexo Solar / Poder

2° Chakra
सवाधष्ठिान Svādhiṣṭhāna
Sexual / Sacro

1er Chakra
मूलाधार Mūlādhāra
Raíz

Ilustración 7.1

Los 7 Chakras Principales

Es muy importante que empieces a encontrar un balance con tus centros energéticos, limpiando y armonizando uno por uno, cada semana un Chakra diferente, los 7 días seguidos para garantizar que haya quedado en armonía y balance. Deberás empezar los 7 primeros días por el Chakra Raíz, la siguiente semana el Chakra Sexual y así sucesivamente hasta terminar con el Chakra Corona, para completar un tiempo de 49 días; tal vez te parezca mucho tiempo, sin embargo, es necesario para limpiarlos realmente, de lo contrario, lo único que lograrás será engañarte a ti mismo. Dedícate para ti mismo 10 minutos al día, te sentirás mucho mejor y las cosas comenzarán a acomodarse, además no es recomendable avanzar al ejercicio de "El Laberinto del Séptimo Rayo 7° para limpieza de emociones, si tienes algún Chakra bloqueado. Al contar con tus Centros de Energía girando sanamente, tu ego desaparece permitiéndote estar presente únicamente en tu Consciencia, de lo contrario no funcionará de la mejor manera porque te auto boicotearás. Y, el propósito de este libro junto con sus ejercicios, es el que vivas en tu Consciente, liberándote de pensamientos negativos, emociones tóxicas, sufrimiento, angustias y dolores para que encuentres Paz, Felicidad y el tipo de vida que estás buscando.

Siempre ten a la mano esta información, ya que podrás utilizarla como una guía para cuando tengas de nuevo alguna dolencia o enfermedad, ya sea física, mental, espiritual, sentimental o etérico-astral, con el propósito de que puedas desbloquear la energía del Chakra lo más pronto posible, mejorando notablemente. Recuerda que, de cualquier manera, cuando padezcas alguna enfermedad, siempre deberás consultar también a un médico especialista y seguir sus instrucciones.

Ahora aprenderás a identificar con exactitud en que área te encuentras bloqueado, con eso te ayudarás a actuar de manera asertiva, solucionando los pensamientos y las emociones que te estén causando algún mal, transmutándolas a cosas positivas. Intenta memorizar y conocer a fondo el funcionamiento de cada uno de los Chakras y los órganos que involucra cada uno de ellos, incluso te sentirás más ligero ya que tendrás la confianza de saberte limpiar cuando sea necesario, así la carga se hará menos pesada, como bono adicional los dolores de cabeza, piernas y espalda disminuirán.

Estos centros de energía, son como remolinos que giran intercalados, en el caso de los hombres el primero va hacia la derecha, mientras que de las mujeres hacia la izquierda. Cuando estos remolinos se ensucian comienzan a girar más lentamente, emitiendo menor energía. Si no se limpian enseguida comienzan a taparse, lo que ocasiona que vayan girando cada vez más lentamente hasta que dejan de girar, dejando a los cuerpos físico, mental, emocional, sentimental y etérico-astral sin recibir el tipo de energía que ese chakra en particular genera, por consiguiente, se enferma alguna parte del cuerpo y mente.

Los 7 Chakras principales están a lo largo de toda la columna vertebral y hasta la cabeza, desde el primero que está en el área del coxis, hasta el séptimo que se encuentra en la coronilla como lo podrás ver en la ilustración 7.1.

Cuando están sanos te ayudan a mantenerte enfocado y centrado, sin embargo, suelen ensuciarse, salir de balance y enfermar con facilidad, ya que ahí se dirigen las vibraciones de las emociones, razón muy importante para estar limpiando constantemente estos remolinos de energía. Mientras más te familiarices con el funcionamiento de cada uno de ellos, más comprenderás la importancia de la relación que tienen con todos tus cuerpos, el físico, mental, sentimental y etérico astral, ya que ellos ayudan a que se encuentren sanos para vivir terrenalmente en paz y, espiritualmente elevando tu frecuencia para el despertar de tu consciencia.

A continuación. encontrarás una descripción de cada uno de ellos. Su nombre, sus principales funciones, lo que representa, su ubicación, su simbología, su color, etc. Estoy haciendo especial hincapié en los aspectos emocionales positivos y negativos que genera, los órganos y partes del cuerpo que cubre con su energía, preguntas que te puedes hacer a ti mismo para saber cuáles están sucios, cuáles bloqueados y si hay alguno completamente tapado.

Además, para ayudarte a mantenerlos sanos, al final de cada uno encontrarás diferentes maneras de limpiar y abrir el Chakra por ti mismo. Con esto podrás lograr equilibrar cada uno de ellos, recuerda que es muy importante trabajar uno por uno para que logres en verdad sanar, corregir y desbloquear lo que sea necesario. En cada proceso comenzarás a sentir cambios positivos y te darás cuenta como tu vida mejora notablemente.

En caso de que te bloquees para realizar la limpieza de tus Chakras, seguramente es porque cuentas con algunos bloqueos por parte de tu subconsciente, aferrándose de tal manera que te produzca algún tipo de malestar físico o emocional. Si esto sucede, por favor ignóralo y no te preocupes, los cambios son difíciles y nos aferramos al lugar en donde nos encontramos, porque es un espacio conocido, aunque muchas veces nos haga un mal. Si estás en una situación de desesperación o con estos ejercicios no logras mejorar de alguna manera, te recomiendo asistir con un terapeuta o médico cuanto antes.

*** Importante: Se aclara que esta guía de Chakras, así como el contenido del libro en general, no se trata de consejos médicos, ni recetas como forma de tratamiento médico para problemas físicos o mentales. Siempre sin excepción alguna, se debe consultar a un médico especialista cuando presenten enfermedades físicas o mentales. En el caso de aplicar con ese fin la información de este libro, La Autora, ni la editorial asumen responsabilidad de esos actos. La intención de este libro es únicamente ofrecer información de naturaleza espiritual y general para ayudar en la búsqueda del despertar de la consciencia y con su crecimiento personal***

El Primero 1°

Nombre en Sánscrito: मूलाधार Mūlādhāra, que significa sostén de la raíz, conocido como Chakra Raíz y se le identifica como el ancla del espíritu.

Simbología: La flor de loto roja, de cuatro (4) pétalos con un cuadrado amarillo en el centro que contiene un triángulo rojo invertido, representando a Shakti como la energía creativa.

Color: Rojo profundo (Activa) / Verde (Calma).

El Primer Chakra representa la energía vital, el buen sentido de supervivencia, independencia y autoestima, haciéndote saber que siempre mereces lo mejor, de tal manera que te mantendrá con confianza y seguridad, teniendo consciencia de tu propio cuerpo. También te recuerda que perteneces al todo, por lo tanto, tienes el derecho a existir y a tener todo cuanto requieras, murmurándote siempre al oído la frase "Yo Tengo".

Con respecto a la personalidad, tiene que ver en general con la propia seguridad personal, con la obtención y conservación del dinero, así como de los bienes materiales, también con el aspecto sexual y la procreación.

Principales Funciones: Su energía mueve a las emociones de supervivencia, vitalidad, energía física, voluntad de vivir, confianza básica, conexión con el cuerpo en el plano físico, la relación con lo material y el trabajo. Es el chakra en donde se concentra el karma y darma de vidas pasadas, si se encuentra sano elimina el mal karma, aunque si no está girando adecuadamente genera más.

Procura: Comprender la materia, el deseo de vivir esta experiencia terrenal, la conexión con el planeta para tener los pies bien puestos sobre la tierra, vivir la realidad sin máscaras, sentir seguridad, mejorar el instinto, sensatez, paso firme, fortaleza, vigor, ánimo, estimula el sistema nervioso, activa la constancia, da seguridad sintiendo protección, hace sentir pasión por cualquier situación en la vida.

Elemento: Tierra.

Ubicación: Por el coxis, entre el ano y los genitales.

Emociones: Enojo, agresividad, pasión, irritación, dolor, seguridad o inseguridad, ganas de vivir o falta de ganas de vivir, separación con tu Divinidad, culpa, y miedo.

Lo que provoca en Equilibrio: Transmite seguridad y confianza, ayuda a superar el miedo, buena energía sexual, se mantiene con pensamientos de amor que provocan confianza, ayuda a anclar la raíz a la tierra equilibrando las relaciones personales, laborales, familiares y de pareja, las cuales son duraderas y realistas. Ayuda al ser humano a convertirse en una persona equilibrada, constante, estable, positiva, disciplinada, leal y segura de sí misma, de lo que quiere en la vida, sabiendo que lo puede lograr. Por otro lado, las personas que logren tener este chakra equilibrado, también podrán elevar sus dones Espirituales y perfeccionar sus poderes y aptitudes, tales como los viajes astrales, videncia, clarividencia, clariaudiencia, clarisensibilidad y la clariconsciencia.

Aspectos negativos: Siempre que hay un Chakra sucio, bloqueado o tapado, la energía en general del cuerpo físico es afectado, teniendo como consecuencias, cansancio, desánimo, hartazgo de la vida, dolor de espalda y cabeza constante. Si el Chakra raíz se tapa, causará frío, ineficacia, estreñimiento, agresividad, baja autoestima, baja energía, duelen los pies, las piernas, la base de la columna, los huesos, los dientes y las uñas. Se mantiene un sentimiento de inseguridad y desconfianza, lo que lleva a no querer enfrentarse a los problemas y situaciones de la vida diaria. En el caso de que llegara a taparse, se le relaciona con enfermedades autoinmunes como el lupus, las alergias, artritis, las enfermedades de la sangre, los problemas en los ovarios o el útero, los herpes, la inflamación de los tobillos, depresión o infertilidad. Se le asocia además con piel seca, eczemas, anemia, olor corporal, obesidad o dolores de menstruación. Este Chakra incita a la autodestrucción si se llega a tapar, con problemas de adicción como el alcoholismo, drogadicción, tabaquismo y sexuales como la adicción desmedida, frigidez e impotencia.

Emocionalmente genera una sensibilidad extrema hacia el negativismo, falta de amor propio y culpabilidad por cualquier situación, lo que lleva a tener un comportamiento agresivo hacia uno mismo y hacia los demás, en el que abunda el miedo en el interior, por lo tanto, conduce de igual manera hacia la inestabilidad emocional.

Glándula: Suprarrenales.

Incluye: Aparato digestivo, Columna vertebral, médula espinal, recto, intestino, sangre, nariz, sistema linfático, sistema óseo, plexo sacro, la próstata, el sistema de evacuación, extremidades inferiores y la constitución de las células.

El órgano sensitivo del chakra raíz es la nariz con su sentido del olfato.

Preguntas que debes hacerte para saber si este Chakra se encuentra cerrado:

¿Me faltan deseos de vivir?, ¿Me siento enfermo?, ¿Actúo y tomo decisiones que me hacen "feliz" sin importar a quién le haga daño mi actitud o decisión?, ¿Prefiero que alguien más sufra en lugar mío?, ¿Me importa demasiado lo material?, ¿Me importa más lo terrenal que lo espiritual?, ¿Tengo adicciones?, ¿Me molesta que me digan cosas que sé que son verdad?, ¿Soy distraído?, ¿Me cuesta trabajo concentrarme en tareas rutinarias?, ¿Soy inconstante?, Soy voluble?, ¿Me falta voluntad para completar metas?, ¿Me creo incapaz de decretar en mi vida lo que deseo?

***Si respondiste de 3 a 5 que sí, este Chakra se encuentra sucio, procura hacer alguno de los ejercicios sugeridos para limpiarlo.

*****Si respondiste de 5 a 7 que sí, este Chakra se encuentra boqueado, es necesaria una limpieza.

*******Si respondiste a 7 o más que sí, este Chakra se encuentra tapado y urge una limpieza profunda.

Diferentes maneras de limpiar y abrir el Chakra tú mismo: Con estos ejercicios lograrás activar la energía atrapada y conducirla hasta el Chakra Coronilla para su unión con la consciencia pura. Puedes hacer uno o todos, ¡tú eliges!

*Limpia, desbloquea y armoniza el Primer Chakra, del día 1 al 7, para después poder seguir con el segundo, en caso de que se encuentre completamente cerrado, has los ejercicios por 21 días y, después continúa.

Decretos: "Yo Tengo", "Yo tengo confianza", "Yo tengo mucha energía", "Yo estoy seguro", "Yo soy protegido por la Divinidad", "Yo Soy próspero", "Yo recibo con gusto la abundancia económica que fluye en mi vida libremente", "Yo amo a la Madre Tierra y le agradezco que me de hogar, comida y todo cuanto requiero para vivir abundantemente", "Yo agradezco a la Divinidad por su Luz para mantenerme centrado", "Yo honro a la Divinidad en mi", "Yo Amo a las personas que se encuentran cerca de mí", "Yo Soy estable", "Yo tengo constancia".

Figura de Geometría Sagrada:

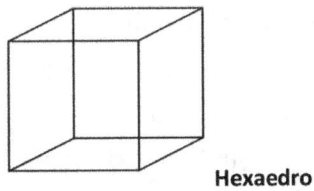

Hexaedro

Es una figura que te apoyará para que obtengas más seguridad al tomar decisiones sobre el camino que debes seguir, liberándote del ego, el egoísmo y los juicios. Los asuntos materiales se desenvolverán de buena manera. Estarás conectado a tu vida a un nivel físico, mental, espiritual, sentimental con propósitos y metas claras.

Toma la figura de hexaedro, (puede estar únicamente dibujada) y colócala encima del vientre bajo para que te enraíce cuando tengas miedo o que sientas que "no tienes los pies en la tierra", también en caso de mareo o estrés emocional intenso, esto te hará ponerte en contacto con la realidad. Te hará ver que eres parte del Todo, incluida la madre tierra, por lo que sabrás que todo lo que en ella existe, también te pertenece, provocando que atraigas riquezas, prosperidad, abundancia, todos tus propósitos los verás cumplidos si tienes mucha perseverancia, emoción y claridad en las metas.

Esta figura te ayuda a eliminar los miedos, dándote la confianza de que tus sueños se pueden hacer realidad. Podrías tener algunas figuras del Hexaedro por tu casa, de preferencia en lugares donde guardas el dinero, para que con su energía lo llame y lo multiplique.

Tapping: Con el dedo pulgar de tu mano derecha, presiona sobre la muñeca izquierda por 30 segundos, después comienza a dar pequeños golpes con tu dedo índice en el mismo punto, enseguida has lo mismo con tu dedo pulgar izquierdo y tu mano derecha. (Observa la ilustración 6.2 para ubicar en donde se encuentra el punto relacionado con el Chakra Raíz).

Mineral. – **Para armonizar puedes llevar contigo cualquiera de estos minerales:** Jaspe Rojo, Ónix, Turmalina Negra, Hematita, Cuarzo Ahumado.

Medita y Recita el Mantra: "LAM"

Aromaterapia: Este Chakra en especial, es importante que se trabaje con aromas por su sentido del olfato. Puedes utilizar cualquier aceite que te ayude a mantenerte centrado, para que te fortalezcas y te haga poner los pies sobre la tierra. Los aceites de pachuli, pimienta negra, sándalo y jengibre son especialmente poderosos.

Nota Musical y Música Recomendada **para alinear la energía, haciéndola girar correctamente:**

DO / "Segundo Movimiento" del Concierto de Aranjuez, Concierto para piano y orquesta de Mozart.

Ejercicios físicos para activarlo: Puedes elegir algún ejercicio que puedas realizar de preferencia con los pies descalzos, si tiene movimientos de cadera con ritmo, mucho mejor. Tal vez aerobics, yoga, bailar, caminar. De igual manera puedes practicar los ejercicios de Kegel para limpiar, destapar y balancear al Chakra raíz; éstos además te servirán para prevenir la incontinencia y para aumentar el poder de los orgasmos. * Todo sobre estos ejercicios, lo puedes encontrar en la siguiente guía: https://medlineplus.gov/spanish/ency/patientinstructions/000141.htm

**Es importante consultar a tu médico si te encuentras enfermo y para que te autorice a realizar los ejercicios físicos.

El Segundo 2°

Nombre en Sánscrito: स्वाधिष्ठान Svādhiṣṭhāna, que se compone de dos palabras. - svā que significa "lo propio" y ad-hiṣṭhāna que significa "base", por lo que su significado literal es "la base de uno mismo" y es más conocido como Chakra Sexual o Sacro.

Simbología: La flor de loto color bermellón, de seis (6) pétalos, el tattva del elemento Agua está representado con una luna creciente plateada en el centro. La letra en sánscrito del centro es VAM.

Color: Naranja - Bermellón (Activa) / Azul (Calma)

El Segundo Chakra alberga en un nivel de inconsciente individual y colectivo muy profundos, a los instintos humanos más primitivos, de manera que influye de una forma importante sobre los procesos psicológicos y mentales gobernando a las emociones, por lo que es fundamental mantenerlo en balance, ya que además mediante este Chakra se desarrolla la identidad personal, sustentando el Ser y así, desarrollar positivamente el deseo de Amor y cariño en todos aspectos, incluido el Amor propio. Este centro de energía, da la sensibi-

lidad para recibir amor y apreciar la belleza de vida, por eso su frase "Yo Siento", que te recuerdan siempre que tienes el derecho y la capacidad de Sentir, Desear y Crear.

Principales Funciones: Brindar Emoción, Energía Sexual, Deseo y Alejar de la culpa.

Procura: Sexualidad Consciente, Creatividad, Fertilidad y Sensualidad.

Elemento: Agua

Ubicación: De dos a tres centímetros por debajo del ombligo.

Emociones: Valentía, Confianza, Alegría, Energía, Ambición, Creatividad, Equilibrio, Eros, Deseo, Sexualidad, entre otras.

Lo que provoca en Equilibrio: Promueve la creatividad y genera armonía con la posibilidad de perfeccionar los dones y capacidades. Da fortaleza física, mental, sentimental y espiritual. Ayuda a tener estabilidad con todo tipo de relación, impulsando a salir adelante y aumentando la comprensión para que exista verdadera expresión de amor, con una concordancia físico-psíquica perfecta en la vida de pareja. Genera placer y la necesidad de socializar.

Cuando este Chakra está balanceado y existe sexualidad consciente, esta detona una energía desmesurada mediante una expresión armoniosa del Ser, que envía a su vez a todos los Chakras, manteniendo el cuerpo, la mente y las emociones en perfecto equilibrio y unión. Da la oportunidad de convertirse en un ser humano estable, constante, seguro, capaz de atraer al amor real, sin mentiras, máscaras ni velos. Al limpiarlo y armonizarlo muestra una nueva forma de vivir la vida mientras se disfruta al máximo. Cuando se mantiene con la energía positiva, también apoya al sistema nervioso, por lo que da paz y tranquilidad, ayudando a mantener lo más sano posible a los demás Chakras.

Aspectos negativos: Cuando este Chakra se encuentra con la energía baja, se comienza a hacer mal uso de las emociones que causa, con represiones sexuales, miedo de disfrutar de ellas, desprecio al sexo, o confundiendo en muchas ocasiones los deseos sexuales y la seguridad en sí mismo, por lo que causa estados de mal humor, insatisfacción personal y por supuesto sexual, incluso en ocasiones impotencia o frigidez, de tal modo que se busca y se provoca tener experiencias intensas que induzcan de alguna manera ya sea placer o dolor, terminando con emociones de añoranza, tristeza y mediocridad.

También puede motivar al aislamiento, causando dificultad para dar o recibir amor puro e incondicional, con épocas de depresión, asma, alergias, desórdenes alimenticios, problemas de adicción como drogas, tabaquismo, alcohol e incluso sexuales.

Cuando este Chakra está parcialmente tapado, las actitudes también se transforman irreverentemente, comenzando a tener conductas irracionales con una muy baja autoestima. Motivo por el cual se comienza a tener temor por llevar cualquier tipo de relación, alejándose de la posibilidad de crear y tener una familia estable. En algunas ocasiones se llenan de celos enfermizos que alejan a su pareja o a sus seres queridos, siendo que en este punto es que se puede desarrollar y brincar a la frigidez o impotencia, de igual manera que al puritanismo, a la sobreexcitación sexual o a disfunciones sexuales, aunque por lo regular es difícil que puedan frenar sus deseos sexuales.

En este Chakra es donde se albergan las vivencias y recuerdos traumáticos de la infancia por lo que la perseverancia y la disciplina suelen esfumarse, sin la posibilidad de obtener templanza ya que tiene muy marcada alguna culpa y las creencias familiares.

Glándula: Ovarios / Gónadas.

Incluye: Órganos sexuales, el sistema reproductor, el plexo lumbar, sistema urinario, bazo, próstata, los órganos reproductores, los riñones, la vejiga, de igual manera se incluyen fluidos: la sangre, la linfa, la bilis, los jugos gástricos y el esperma.

El órgano sensitivo del chakra: La boca con su sentido del gusto.

Preguntas que debes hacerte para saber si este Chakra se encuentra cerrado: ¿Pienso que mi impulso sexual no es saludable? ¿La mayoría de las veces me es imposible dar y recibir placer al expresarme sexualmente? ¿Me siento sexualmente insatisfecho? ¿Siento que no encuentro soluciones? ¿Me siento inepto? ¿Me cuesta trabajo recibir amor? ¿Mi sexualidad es poco común? ¿Me siento fracasado? ¿Padezco de alguna disfunción sexual? ¿Me alejo de las personas que me aman? ¿Tengo alguna adicción? ¿Pienso que doy amor, pero muchas veces termino lastimando?

***Si respondiste de 3 a 5 que sí, este Chakra se encuentra sucio, procura hacer alguno de los ejercicios sugeridos para limpiarlo.*

*****Si respondiste de 5 a 7 que sí, este Chakra se encuentra boqueado, es necesaria una limpieza.

*******Si respondiste a 7 o más que sí, este Chakra se encuentra tapado y urge una limpieza profunda.

Diferentes maneras de limpiar y abrir el Chakra tú mismo: Con estos ejercicios lograrás activar la energía atrapada y conducirla hasta el Chakra Coronilla para su unión con la consciencia pura.

*Una vez que ya esté en balance el Chakra 1, limpia, desbloquea y armoniza el Chakra 2, del día 8 al 14, para después poder seguir con el Chakra 3.

Decretos: "Yo Siento", "Yo Deseo", "Yo Soy Creativo", "Yo Constantemente tengo nuevas ideas para Crear la vida que deseo", "Yo me reconcilio con mis emociones" "Yo dejo salir mis necesidades para atenderlas libremente", "Yo tengo un perfecto equilibrio interno", "Yo me sé expresar abiertamente", "Yo estimulo mi naturaleza erótica", "Yo me libero de prejuicios sobre mi cuerpo", "Yo me siento bien porque estoy muy bien" "Yo permito que me amen" "Yo amo incondicionalmente" "Yo tengo seguridad"

Figura de Geometría Sagrada:

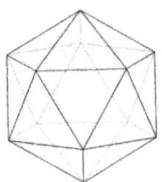

Icosaedro

Puedes usar una figura con esta forma, para armonizar el área de la pelvis, te permitirá viajar a tu subsconsciente para encontrar lo que realmente está causando problemas o traumas que puedan estar ensuciando, bloqueando o tapando el Chakra sexual. Cuando hagas esto el Icosaedro y su fuerte energía te ayudarán a regenerar tu interior, transformando de grata manera a un estado de emociones positivas.

Esta figura representa la consciencia del agua, lo masculino, conectándote con tu energía masculina (Yang), es el padre, la semilla de la vida y la forma del Universo, por lo que limpia, calma, aclara y armoniza las emociones eliminando las tóxicas y cualquiera que no sea positiva como la tristeza, enojo, rencor, transformando hasta el recuerdo obsesivo de un mal amor que no hayas logrado soltar.

Además, armoniza los ciclos femeninos controlando los dolores y el humor, ayuda al cuerpo a no retener agua y fluidos corporales nocivos. Simboliza la energía espiritual por lo que es un buen amuleto de protección ya que desintegra las envidias, las malas vibras y protege del mal de ojo. Si requieres mejorar y potencializar un negocio, oficina, local, etc. coloca un Icosaedro y podrás tener buenos resultados.

Tapping: Con el dedo pulgar de tu mano derecha, presiona sobre el dedo pulgar de tu mano izquierda por 30 segundos, después comienza a dar pequeños golpes con tu dedo índice en el mismo punto, enseguida has lo mismo con tu dedo pulgar izquierdo y tu mano derecha. (Observa la ilustración 6.2 para ubicar en donde se encuentra el punto relacionado con el Chakra Sexual / Sacro).

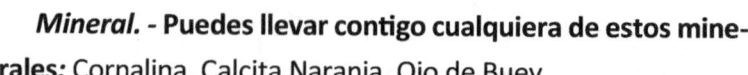

Mineral. - **Puedes llevar contigo cualquiera de estos minerales:** Cornalina, Calcita Naranja, Ojo de Buey.

Medita y Recita el Mantra: "VAM"

Aromaterapia: Existen aromas cálidos que estimulan el erotismo y la sensualidad como el sándalo, la pimienta rosa, el ylang ylang, el jengibre, el palo de rosa y por supuesto la canela.

Nota Musical y Música Recomendada para alinear la energía, haciéndola girar correctamente:

RE / "Canción de Cuna" de Brahms, "Mi héroe" del Soldado de Chocolate.

Ejercicios físicos: Algunos ejercicios que te ayudarán a abrir este chakra son la natación o simplemente sumergirte en un jacuzzi, los bailes que involucren las caderas, como merengue, salsa, danza del vientre, etc. por supuesto las relaciones sexuales con amor, cualquier ejercicio relacionado con movimiento y rotación de caderas. Desbloqueará además la columna lumbar despertando la libertad, sexualidad y sensualidad. También puedes consentirte con actividades relajantes como la meditación o recibir un buen masaje. Te sentirás con más energía vital, más alegre y ligero, con ánimo de ver la vida desde el lado positivo, con mayor fluidez y flexibilidad, por eso este Chakra tiene fama de ser el centro de la felicidad.

**Es importante consultar a tu médico para que te autorice a realizar los ejercicios físicos.

El Tercero 3°

Nombre en Sánscrito: मणिपूर Maṇipūra chakra, que significa "ciudad de las joyas", mani, "joya" y pura, "ciudad", conocido como Chakra del Poder o Plexo Solar.

Simbología: Representado por una flor loto amarillo brillante de (10) diez pétalos, que se encuentra en la etapa de maduración. Dentro del loto hay un triángulo invertido de color rojo intenso representando el tattva del fuego; la letra en sánscrito del centro es RAM.

Color: Amarillo Solar (Activa) / Violeta (Calma)

El Tercer Chakra se asocia con el fuego, en representación de un sol en medio del cuerpo que alberga el poder y la fuerza, por lo que de él depende en gran parte la salud física y mental ya que es el generador de la autoestima, el dinamismo y el dominio. Está asociado a la ambición, la voluntad, el desarrollo de la personalidad, el autocontrol, la relación con el poder y la capacidad de gobernar.

Por el poder y la fuerza que tiene, las personas se pueden empoderar o minimizar de un momento a otro, gracias a las emociones que se generan desde este Chakra, ya que ahí es donde se insertan los sentimientos del miedo o el amor. Cuando está trabajando adecuadamente se tiene la capacidad de tomar decisiones conscientes y responsables, de tal manera que la vida resulta tal y como la deseamos, por eso su frase es "Yo Puedo".

Principales Funciones: Ayuda a tener dominio sobre el subconsciente, iluminando la mente para encontrar cordura, prudencia, inteligencia y autodisciplina, motivando el talento y el emprendimiento. Ayuda a la asimilación y digestión en el cuerpo físico. Envía las emociones al Chakra del corazón.

Procura: Empoderar, Sabiduría Espiritual, Consciencia Universal, Mente, Poder Personal, Control, Voluntad Propia, Madurez, Individualidad, Emociones Correctas, Autoestima, Acción, Vitalidad, Placer, Extroversión.

Elemento: Fuego

Ubicación: Se encuentra en el centro del cuerpo, en el área del estómago, justo en la boca del estómago, arriba del ombligo, entre los intestinos y el corazón.

Emociones: Dominio, Iluminación, Cordura, Empoderamiento, Satisfacción, Prudencia, Confianza, Fortaleza, Seguridad Personal, Alegría, Dulzura, Expansión, Miedo, Angustia, Tristeza, Sabiduría, Poder, Inferioridad, Inseguridad, Falta De Confianza, Insatisfacción Permanente Consigo Mismo, la Rabia, el Odio, la Aflicción y la Alegría

Lo que provoca en Equilibrio: Una persona con el Chakra del Poder balanceado tiene Estabilidad, es Activa, toma decisiones, asume responsabilidades, reacciona con sensibilidad, se deja guiar con confianza por su intuición, es abierto, sabe escuchar con atención. Tienen la capacidad de desarrollar aptitudes y habilidades telepáticas, son muy buenos observadores, cuentan con un don natural para transformar, transformarse y trasmutar la energía externa.

Es el centro del poder con el cual se decreta y se trae a la realidad los sueños y metas, por eso se dice que este Chakra impulsa de dentro hacia fuera, ya que conecta con un estado emocional superior. Se tiene la capacidad de elección de vida, haciéndose responsable por sus decisiones.

El Chakra del Poder distribuye adecuadamente la energía vital en el cuerpo, siendo el ombligo también un punto muy importante, ya que es el punto de partida para los 72,000 Nadis que son canales sutiles de energía.

Aspectos negativos: Cuando este centro de energía se encuentra sucio, bloqueado o tapado, genera emociones de apego, además de que son personas con enfermedades recurrentes en el sistema digestivo, como úlceras, acidez, dolor de estómago, molestias en hígado y bazo, así como en el esófago, etc. También se produce un cansancio crónico que puede llevar a la necesidad de recurrir a estimulantes químicos o bien a la necesidad de consumir azúcar o alimentos en exceso para llenar el vacío que se ha experimentado a causa de expectativas y apegos.

Las personas con el Chakra del Poder bloqueado, son inseguras, ya que no cuentan con su poder, por lo regular lo entregan a los demás, no saben decir "no", suelen sufrir mucho y viven preocupadas por todo, por lo que inconscientemente bloquean las emociones generando mala memoria, nerviosismo y bloqueo mental, dificultándose el proceso de sentir. Son personas que no se aceptan a sí mismos, con desinterés por su persona o por los demás.

No se tiene autoestima, pierde su propia identidad, sentimentalmente vive según las imaginaciones de otros, le cuesta aceptar su propio cuerpo, por lo que vive muy frecuentemente enojado, sintiéndose víctima. Las consecuencias del mal funcionamiento del Chakra del Poder se muestran con exceso de peso en el abdomen, aparece el egoísmo, viviendo constantemente con insatisfacción personal, lo que lo lleva a sentirse inferior con sentimiento de culpabilidad, sin permitir opinión de nadie y se encierra en sí mismo, razón por la cual no se abre completamente con los demás, dificultando el trato con otros seres humanos.

Glándula: Páncreas.

Incluye: Aparato digestivo superior, páncreas, sistema nervioso, vesícula biliar, el estómago, el hígado, vejiga, intestino grueso y glándulas. También se asocia a ojos, órganos de la vista, la piel y el sistema muscular.

El órgano sensitivo del chakra Plexo Solar son los ojos por el sentido de la vista.

Preguntas que debes hacerte para saber si este Chakra se encuentra cerrado: ¿Tengo la capacidad de tomar decisiones y actuar sobre ellas? ¿Sé que es lo que quiero? ¿Estoy consciente de mis emociones y puedo controlarlas? ¿Sé quién soy y tengo confianza en manifestarlo? ¿Estoy emocionalmente satisfecho?, ¿Tengo buena digestión? ¿Mi estómago está plano? ¿Soy el responsable de cómo se ha desarrollado mi vida? ¿Soy activo?

¿Confío en mi intuición? ¿Me dejo llevar por los comentarios de terceras personas? ¿Manejo bien mis deseos? ¿Tengo apegos?

***Si respondiste de 3 a 5 que no, este Chakra se encuentra sucio, procura hacer alguno de los ejercicios sugeridos para limpiarlo.*

*****Si respondiste de 5 a 7 que no, este Chakra se encuentra boqueado, es necesaria una limpieza.*

*******Si respondiste a 7 o más que no, este Chakra se encuentra tapado y urge una limpieza profunda.*

Diferentes maneras de limpiar y abrir el Chakra tú mismo: Con estos ejercicios lograrás activar la energía atrapada y conducirla hasta el Chakra Coronilla para su unión con la consciencia pura.

*Una vez que ya hayas limpiado los Chakras 1 y 2, limpia, desbloquea y armoniza el Chakra 3, del día 15 al 21, para después poder seguir con el Chakra 4.

Decretos: "Yo puedo" "Yo tengo derecho a sentir" "Yo puedo decidir responsablemente sobre mi vida" "Yo soy fuerte" "Yo tengo el poder" "Yo Soy Organizado" "Yo soy leal" "Yo soy fuerte" "Yo tengo el poder de transformar mi vida" "Yo puedo alcanzar mis sueños" "Yo aprecio la belleza de la vida"

Figura de Geometría Sagrada:

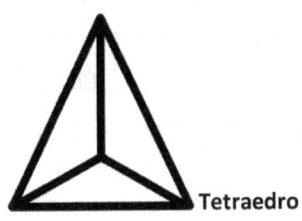

Tetraedro

Tiene 6 aristas, 4 caras triangulares, 4 vértices. Este Símbolo es de SABIDURÍA ya que representa al primer elemento, al fuego sagrado, permitiendo comenzar nuevos caminos con la energía que renueva las ideas y acciones.

Ayuda a manifestar, atrayendo fuerza, generosidad, voluntad, decisión, energía, valor, justicia, entusiasmo, seguridad, autoestima y confianza en el presente y el futuro. Para limpiar el Chakra del Poder, acuéstate boca arriba y coloca una figura de Tetraedro sobre tu vientre, unos dos centímetros arriba de tu ombligo, puede ser un dibujo. Una vez colocado ahí, relájate y siente su poder, como va calentando toda el área de tu vientre mientras imaginas cómo se limpia mientras gira tu Chakra del Poder, haciendo desaparecer las preocupaciones, el estrés y el exceso de actividad mental que hacen que se resientan tus órganos. Utiliza esta figura para armonizar la zona abdominal en caso de molestias, siempre que lo necesites.

El Tetraedro por ser por ser un símbolo de fuego, ayuda a calentar los espacios fríos, por lo que puedes también colocar esta figura en los lugares que sientas que necesitan un poco de calor.

Tapping: Con el dedo pulgar de tu mano derecha, presiona el dedo medio de tu mano izquierda por 30 segundos, después comienza a dar pequeños golpes con tu dedo índice en el mismo punto, enseguida has lo mismo con tu dedo pulgar izquierdo y tu mano derecha. (Observa la ilustración 6.2 para ubicar en donde se encuentra el punto relacionado con el Chakra Plexo Solar)

Mineral. - **Puedes llevar contigo cualquiera de estos minerales:** Ojo de Tigre, Citrino, Topacio Imperial, Ámbar.

Medita y Recita el Mantra: "RAM"

Aromaterapia: La pimienta negra te ayudará de muy buena manera ya que te transporta al pasado de esta vida y de otras, ayudándote a recordar y ubicar bloqueos encontrar soluciones nuevas a problemas antiguos. De igual manera puedes usar cualquier aceite protector, equilibrante y purificador como el de enebro, romero y geranio.

Nota Musical y Música Recomendada para alinear la energía, haciéndola girar correctamente:

Mi / "El Vuelo de la Alondra" de Williams, "Canción de la India" de Rimsky Korsakof

Ejercicios físicos: Algo que ayuda mucho cuando se está muy bloqueado o tapado, es gritar sobre una almohada para sacar la energía acumulada, al hacerlo siente como ese grito sale desde el área donde se encuentra tu Chakra del Poder, repítelo hasta que te sientas liberado. Si únicamente se encuentra sucio, correr, establecer rutinas de ejercicio, practicar yoga para relajarse, haciendo sentadillas, rompiendo rutinas, Medita, relájate y disfruta.

**Es importante consultar a tu médico para que te autorice a realizar los ejercicios físicos.

EL Cuarto 4°

Nombre en Sánscrito: अनाहत Anāhata chakra, que significa el Loto del corazón: Hrit, "corazón", pankaja "flor de loto", mejor conocido como Chakra del Corazón.

Simbología: Flor del loto verde con 12 pétalos, que es el anclaje del alma, con un hexágono formado por dos triángulos entrelazados en el centro, formando una estrella de seis puntas.

El Chakra del corazón, por ser la casa del Espíritu y al encontrarse en el centro del cuerpo tiene el papel de guía, ya que une a los tres chakras inferiores con los tres chakras superiores, formando la energía sutil de las emociones.

Color: Verde y Rosa (Activan) / Verde intenso (Calma)

El Cuarto Chakra se le conoce como el Chakra del corazón ya que de ahí parten las emociones y se desarrolla la compasión, la unidad y la tolerancia universal; amando y aceptando a todos los seres por lo que son, aunque como ya vimos en el capítulo del corazón, también de ahí parte el Amor Divino, la Inteligencia Universal, la Fe y la Voluntad Divinas, ayudando a obtener apertura hacia la vida. Este centro de energía nos ayuda a caminar de una manera ligera, sin pesos del pasado, ni preocupaciones por el futuro. Con estas energías girando correctamente, las emociones estarán cubiertas por diferentes matices de gran intensidad.

El Chakra del corazón define el Amor que se siente hacia las demás personas y hacia uno mismo, ayudando a tener claridad acerca de lo que se siente para poder expresarlo de manera correcta, si se tiene inestabilidad o confusiones en esta área, significa que el Chakra está sucio, bloqueado o tapado, dependiendo del grado de inestabilidad con el que se cuente. Cuando se encuentra limpio y balanceado se convierte en un imán, con una energía magnética importante, que atrae a las personas que emitan la misma intensidad de Luz, provocando relaciones y situaciones armoniosas, que expandirán la energía del corazón de todos los involucrados, balanceando y movilizando la vida diaria.

El Chakra del corazón también es el responsable de que se pueda llevar una vida congruente y armoniosa entre cuerpo, mente, espíritu, alma y físico. Las palabras amor, perdón, gratitud, ayuda y compasión acompañan en todo momento a las personas con este Chakra en balance. Por eso su frase es "Yo Amo".

Principales Funciones: Este es el órgano vital más importante del cuerpo humano, así como de su espíritu ya que es quien le hace vibrar y sentir, además ahí reside su verdadero SER. El amor puro, compasión, amor sin egoísmo, trascendencia y el discernimiento, son algunas de sus funciones para que se pueda evolucionar positivamente a través de la buena voluntad. También ayuda a sanar cualquier mal, por lo que es uno de los Chakras que deberás cuidar más.

Procura: Amor a ti mismo. Vivir en el presente, Sabiduría, Estabilidad, Perseverancia, Paciencia Y Equilibrio. Ser más Objetivo mostrando ternura, compasión y fe en la humanidad.

Elemento: Aire

Ubicación: En el centro del cuerpo, justo sobre el corazón, dentro del cuerpo áurico.

Emociones: Devoción, Amor incondicional, compasión, sanación, pasión, ternura.

Lo que provoca en Equilibrio: Cuando se tiene este Chakra en balance, el poder de transformación es perfecto, ya que une las energías que vienen de la Tierra por medio de los tres Chakras inferiores, con la energía que vine de la Divinidad por medio de los tres Chakras superiores, convirtiendo a la fuerza de la Raíz en generosidad, la sexualidad del Sacro en Amor y las emociones se transforman mediante un proceso alquímico, produciendo emociones positivas a pesar de pasar por situaciones negativas.

El Chakra del corazón tiene la capacidad de enviar señales a distancia, ya sean pensamientos o sanación, por lo que es indispensable para las personas que se dedican a sanar a distancia, mantenerlo siempre en equilibrio. Como dice el dicho, "La voluntad puede mover montañas" así que todo lo que se desee desde el Amor y por Amor, se cumplirá.

Aspectos negativos: Cuando el Chakra del Corazón se encuentra sucio, bloqueado o tapado, existe un constante rechazo

hacia todo, todo se ve negro, sin esperanza, el corazón llega a doler literalmente, aunque no se esté enfermo; pero si se llega a tapar pueden aparecer enfermedades cardíacas o coronarias.

La relación con uno mismo y con los demás no es sana, por lo regular comienzan a suceder situaciones tóxicas incapacitando la apertura completa hacia el exterior. El amor siempre tendrá algún interés detrás, aunque sea solo por buscar compañía, por lo que nunca se Amará sin esperar nada a cambio, ni se encontrará una verdadera conexión, dejando emociones de desesperación e inquietud. En este estado es muy fácil romper relaciones continuamente, además de romperse el corazón y rompérselo a quienes se intenta Amar, ya sean familiares, amigos o compañeros de vida.

Cuando está bloqueado se provoca un amor egoísta y egocentrista, amándose únicamente a sí mismo, sin preocuparse por los sentimientos de los demás, desencadenando la desconexión, el aislamiento, el pesimismo y una cosmovisión negativa. Físicamente se puede sufrir de presión alta, enfermedades respiratorias y cardíacas. El desequilibrio produce una sensación de vacío continuo, convirtiendo al individuo en un ser inconstante y prejuicioso.

Glándula: Timo (vital para nuestro sistema inmune).

Incluye: La parte superior del tórax: omóplatos, clavículas, esternón y costillas, brazos, las palmas de las manos, el corazón, los bronquios, los pulmones, el sistema circulatorio, sistema inmunológico, el hígado, la 4ª vértebra torácica y el sistema linfático. El órgano de acción del Chakra del Corazón, son los órganos sexuales.

El órgano sensitivo del chakra del Corazón, es la piel, por su sentido del tacto.

Preguntas que debes hacerte para saber si este Chakra se encuentra cerrado: ¿Me amo a mí mismo? ¿Amo a mi familia y amigos? ¿Me compadezco ante los seres vivos? ¿Acepto a los demás como son, aunque no esté de acuerdo con ellos? ¿Espero siempre lo mejor de los demás? ¿Intento encontrar lo bueno en cada situación? ¿Sé relacionarme con los demás? ¿Me siento frustrado afectivamente?

***Si respondiste de 3 a 5 que no, este Chakra se encuentra sucio, procura hacer alguno de los ejercicios sugeridos para limpiarlo.*

*****Si respondiste de 5 a 7 que no, este Chakra se encuentra bloqueado, es necesaria una limpieza.*

*******Si respondiste a 7 o más que no, este Chakra se encuentra tapado y urge una limpieza profunda.*

Diferentes maneras de limpiar y abrir el Chakra tú mismo: Con estos ejercicios lograrás activar la energía atrapada y conducirla hasta el Chakra Coronilla para su unión con la consciencia pura.

*Una vez que ya hayas limpiado los Chakras 1, 2 y 3; limpia, desbloquea y armoniza el Chakra 4, del día 22 al 28, para después poder seguir con el Chakra 5.

Decretos: "Yo Amo", "Yo tengo derecho a amar y ser amado", "Yo me acepto como soy, porque así soy perfecto", "Yo me amo", "Yo te acepto tal y como eres", Yo soy importante", "Mi vida cuenta", "Yo doy Amor", "Yo soy amoroso", "Yo soy Amado".

Figura de Geometría Sagrada:

El Merkaba o Merkabah

Puede definirse como un vehículo interdimensional, es una palabra de origen egipcio que significa "vehículo o carroza", llamado también Estrella Tetraédrica ya que cuenta con dos Tetraedros entrelazados que forman una estrella, representando la unidad de cuerpo, mente y emoción. Existe un tetraedro para el campo magnético, otro para el campo eléctrico y otro para el campo físico. Cuando dos de estos campos giran en sentido contrario a gran velocidad, es cuando se forma el vehículo MerKaBa:

Mer: Es un tipo de Luz específica. Son dos campos energéticos de Luz girando en el mismo espacio y que son generados por la respiración.

Ka: Se refiere al espíritu.

Ba: Se refiere al cuerpo físico.

Cuando se activa el Merkabah por medio de respiraciones, gestos y movimientos oculares, se obtienen las siguientes ventajas:

- Acelera el proceso de ascensión y evolución.
- Mejora el nivel de consciencia.
- Mejora las relaciones con otras personas.

- Activa los canales de energía de los cuerpos físicos y sutiles.

- Aporta armonía y equilibrio.

- Acelera el autoconocimiento y la capacidad de aprendizaje.

- Mejora la vitalidad y el cuerpo físico en general.

- Activa nuevas conexiones neuronales.

- Aumenta el potencial energético.

- Por medio de la práctica prolongada, se desarrollan poderes telepáticos, clarividencia, etc.

- Se abre el camino hacia la trascendencia.

La mejor técnica para activar el Merkaba es por medio de meditación, mientras más profunda sea, mejores resultados se obtendrán. Sentado o acostado en una posición cómoda, se coloca la figura del Merkaba sobre el centro del pecho, a la altura del corazón, puede ser una imagen. Enseguida se comienza con una serie de 17 respiraciones para que provoquen la rotación de los campos de energía electromagnética. Inicia cada respiración inhalando por la nariz, sintiendo cómo se llena de aire el abdomen, el pecho y las clavículas; luego exhala lentamente de acuerdo a tu ritmo, expulsando bien todo el aire por la boca y siguiendo el mismo orden, hasta que completes la serie de 17 respiraciones.

Tapping: Con el dedo pulgar de tu mano derecha, presiona sobre tu dedo meñique de tu mano izquierda por 30 segundos, después comienza a dar pequeños golpes con tu dedo índice en el mismo punto, enseguida has lo mismo con tu dedo pulgar izquierdo y tu mano derecha. (Observa la ilustración 6.2 para ubicar en donde se encuentra el punto relacionado con el Chakra Corazón).

Mineral. - **Puedes llevar contigo cualquiera de estos minerales:** Cuarzo Rosa, Turmalina, Cuarzo Verde, Aventurina, Rodocrosita, Turmalina Verde, Turmalina Rosa, Turmalina Sandía, Esmeralda, Fluorita Verde.

Medita y Recita el Mantra: "YAM"

Aromaterapia: El pino, el palo de rosa, el ylang ylang y la bergamota.

Nota Musical y Música Recomendada para alinear la energía, haciéndola girar correctamente:

FA / Ave María de Shubert, "Claro de Luna" de Beethoven, "Segundo movimiento del primer concierto para piano" de Chopin.

Ejercicios: Los ejercicios de respiración es básico para mantener limpio y balanceado a este chakra. Practicar la tolerancia, nadar, andar en bicicleta, correr, hacer yoga o caminar al aire libre para conectar con la naturaleza, si no te es posible salir, puedes comprar plantas y tenerlas cerca de ti, que la energía verde te cubra. El perdón es una parte muy importante para activar este Chakra. ¡Amar de forma incondicional sin miedo a no recibir amor de regreso! **Es importante consultar a tu médico para que te autorice a realizar los ejercicios físicos.

El Quinto 5°

Nombre en Sánscrito: वि शुद्ध Viśuddhi chakra, que significa pureza o loto de la garganta. La palabra shuddhi significa "purificación" y el prefijo vi enfatiza esta cualidad. Mejor conocido como el Chakra de la garganta.

Simbología: Se simboliza con un loto color Azul turquesa con dieciséis pétalos, en el centro un espacio azul representando el tattva del éter, y una gota de néctar para absorber y transformar las experiencias negativas a un estado de felicidad.

Color: Azul cielo y Turquesa (Activa) / Fucsia (Calma)

Este Chakra es el primer centro de energía espiritual en la parte superior del cuerpo, en el que el inspirar y expirar se convierte en un acto de amor y armonía, es como una perfecta comunicación entre el yo superior, inferior y el mundo externo. El Chakra de la garganta recoge las energías asociadas con la voz, el habla y los pensamientos estructurados, es el puente entre el cuerpo mental con los pensamientos, el cuerpo físico, los sentimientos y emociones, provocando entre impulsos y reacciones; está relacionado directamente al desarrollo personal, tanto intelectual como espiritual ya que es el centro con el cual se interactúa y comunica con el mundo físico. Por medio del habla se expresa al exterior las emociones, dudas, metas, ideas, deseos, frustraciones, acciones, sentimientos y pensamientos en general. De acuerdo a lo que se exprese serán las metas y logros alcanzados. La voz es quién da vida a nuestro subconsciente siendo una de las armas más poderosas, motivo por el cual hay que cuidar de lo que se expresa, teniendo perfectamente claro que se tiene el derecho de expresarse, siempre y cuando se esté hablando coherentemente y sin ofender o lastimar a nadie. De ahí su frase "Yo hablo".

Principales Funciones: Procura la comunicación significativa para el desarrollo correcto de la autoexpresión, alberga y da paso a la instintividad, la emoción, los afectos, el intelecto, la mente superior y el espíritu ya que el cuello es por donde suben y bajan desde los demás Chakras esas energías, conectando cuerpo, mente y espíritu.

Procura: Aprendizaje, Técnica, Expresión, Acción, Libertad, Espontaneidad, Intelecto, Autoexpresión, Fluidez del pensamiento, Diplomacia, Seguridad, Independencia, Comunicación, Respiración, Concentración, Capacidad de aprendizaje y Madurez.

Elemento: Éter

Ubicación: Situado a la altura de la garganta.

Emociones: Honestidad emocional, Libertad emocional, Apertura, Deshonestidad, Claustrofobia, Ahogo, Inseguridad, Juicio, Crítica, Frustración, Enojo, Gusto, etc.

Lo que provoca en Equilibrio: Cuando el Chakra Garganta está alineado, el individuo se expresa libremente, con la sabiduría y el conocimiento de saber decir las cosas de la manera correcta, en el momento correcto y sin lastimar a nadie, expresando claramente lo que es, lo que siente, lo que piensa, lo que va a hacer y lo que desea. Reconoce la dualidad que existe en este plano terrenal sin juicios, fluyendo con la vida, sin apresurar resultados. Controla el intelecto y promueve la comunicación, la planificación, la sabiduría y la capacidad de organizar la vida psíquica, el oído y la telepatía, conociendo y hablando cuando es apropiado sobre las verdades espirituales superiores. La voz es una manera de expresarse del quinto Chakra, de tal manera que es uno de los centros de energía más impactados que existen, provocando enfermedades. La voz es una herramienta muy poderosa para el ser humano, ya que de ahí se derivan las palabras que fueron creadas por los pensamientos del consciente, del inconsciente y del subconsciente. Por eso tus pensamientos, palabras y actos deben ser congruentes.

Otra función muy importante de este centro cuando se encuentra girando correctamente, es el saber escuchar, además se vuelven muy creativos y abiertos a las improvisaciones. Este Chakra influencia de gran manera en el rejuvenecimiento y la longevidad.

Aspectos negativos: Cuando este Chakra se encuentra bloqueado o tapado, la energía negativa se aloja en las vértebras cervicales, provocando muchos de dolores, contracturas y lesiones, entre otros síntomas. De igual manera aparecen problemas en la voz, afectando a la garganta y vías respiratorias, tiroides, el vértigo, anemia, alergias, fatiga, asma, desórdenes hormonales, hiperactividad, fiebre y problemas en la zona bucal. Aleja a los seres humanos de su verdadero ser, por lo que caen en juicios y críticas, siendo controladores y exigentes.

La comunicación con otros se complica y en muchas ocasiones se presenta temor a hablar, por miedo a ser juzgado, criticado o por no meterse en problemas. Las emociones negativas suelen atorarse en ese Chakra, provocando las afecciones y usualmente se siente un "nudo" en la garganta cuando deja de girar, haciendo complicada o nula el poderse expresar, incluso ni con gestos.

En otras ocasiones se presenta la necesidad de hablar mucho sin parar, intentando imponerse verbalmente, gritando y vociferando. La persona entonces comienza a tomar la mentira como arma, para lograr magnificar la situación, creando confusión en él mismo y en los demás.

Cuando estas circunstancias aparecen, la frustración toca la puerta, comenzando a empeorar la situación, por eso es muy importante identificar y hacer cualquiera o varios de los ejercicios de limpieza hasta sentir que se van disolviendo las tensiones del cuello, garganta, mandíbula y cara.

Glándula: Tiroides.

Incluye: Glándula tiroides y paratiroides, Vértebras cervicales, los órganos de los sentidos, las cuerdas vocales, la cara, ojos, orejas, nariz, lengua, boca, labios, el maxilar, la laringe, el cuello, los hombros, los trapecios, el movimiento independiente de los dedos de las manos, el oído, la garganta, los pulmones, el plexo braquial o cervical, bronquios, sistema linfático, 3ª vértebra cervical, el canal alimenticio y el oído interno (la clarividencia).

El órgano sensitivo del chakra de la garganta es el oído, por el sentido del oído.

Preguntas que debes hacerte para saber si este Chakra se encuentra cerrado: ¿Me expreso fácilmente? ¿Asumo la responsabilidad de mi vida? ¿Yo soy culpable de mis carencias? ¿Tengo conocimientos que me ayudan a resolver las cosas positivamente? ¿Sé estar saludable, feliz, etc.? ¿Siento que merezco ser recompensado por mis esfuerzos? ¿Tengo fe en mí? ¿Puedo arriesgarme a aceptar desafíos, sabiendo que los voy a resolver favorablemente?, ¿Puedo expresarme fácilmente? ¿Me sé escuchar a mí mismo? ¿Sé escuchar a los demás? ¿Construyo palabras positivas? ¿Sé explicarme correctamente? ¿Estoy respirando en calma?

***Si respondiste de 3 a 5 que no, este Chakra se encuentra sucio, procura hacer alguno de los ejercicios sugeridos para limpiarlo.

*****Si respondiste de 5 a 7 que no, este Chakra se encuentra boqueado, es necesaria una limpieza.

*******Si respondiste a 7 o más que no, este Chakra se encuentra tapado y urge una limpieza profunda.

Diferentes maneras de limpiar y abrir el Chakra tú mismo: Con estos ejercicios lograrás activar la energía atrapada

y conducirla hasta el Chakra Coronilla para su unión con la consciencia pura.

*Una vez que ya hayas limpiado los Chakras 1, 2, 3 y 4; limpia, desbloquea y armoniza el Chakra 5, del día 29 al 35, para después poder seguir con el Chakra 6.

Decretos: "Yo Hablo", "Yo tengo derecho a decir y a escuchar la verdad", "Yo me expreso libremente", "Yo sé escucharme a mí mismo y a los demás", "Yo escucho".

Figura de Geometría Sagrada:

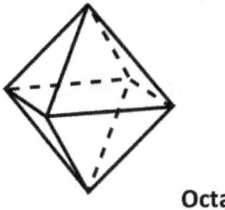

Octaedro

Elemento Agua. Une aspectos mentales aislados en el ser interior con su función de integración. Ayuda mediante la comunicación y el pensamiento inteligente a perfeccionar la materia. Transmite poderes de comprensión, entendimiento, convencimiento, buen humor, equilibrio energético y armonía para tener una salud perfecta y un corazón contento. Ayuda a generar ventas exitosas.

El octaedro simboliza la red etérica que lo conecta todo y permite la expansión de la energía. Lo puedes usar en aquellas zonas de tu casa donde sientas que la energía se estanca fácilmente.

Tapping: Con el dedo pulgar de tu mano derecha, presiona sobre el dedo índice de la mano izquierda por 30 segundos, después comienza a dar pequeños golpes con tu dedo índice en el mismo punto, enseguida has lo mismo con tu dedo pulgar izquierdo y tu mano derecha. (Observa la ilustración 6.2 para ubicar en donde se encuentra el punto relacionado con el Chakra Garganta).

Mineral. **- Puedes llevar contigo cualquiera de estos minerales:** Cuarzo Azul, Sodalita, Aguamarina, Turquesa, Topacio Azul, Larimar, Zafiro, Celestina

Medita y Recita el Mantra: "HAM"

Aromaterapia: Uno de los aceites que puedes utilizar para activar el chakra garganta es la lavanda, esta armoniza de mejor manera los aspectos que cualquier otro aceite esencial. También puedes usar el de manzanilla, palo santo y tomillo.

Nota Musical y Música Recomendada para alinear la energía, haciéndola girar correctamente:

Sol / "Primer Movimiento" Quinta sinfonía de Beethoven, "Adagio" de Albinoni.

Ejercicios: Algo que ayuda, además de poner de buen humor, es el cantar tus canciones favoritas o disfrutar del silencio. Puedes tomar clases de canto ya que la vocalización ayuda a desbloquear este Chakra. De igual manera si sientes la necesidad de gritar o llorar, busca un lugar en donde puedas estar tranquilo y hazlo con todas tus fuerzas, hasta que sientas que ya has sacado todo el coraje o el dolor. Los movimientos de forma circular del cuello, ayudan bastante. Otra forma de limpiar este Chakra es escribiendo una carta en donde se exprese todo aquello que requiera ser expresado, no es necesario que se la entregues a la, o las personas a quienes les estés dirigiendo esta carta, así que podrás expresarte libremente ya que no lastimarás a nadie, después quémala para garantizar que nadie la lea. Por otro lado, también practica la manera en la que escuchas la opinión de los demás, verifica que lo estés haciendo sin juicios ni condenas.

**Es importante consultar a tu médico para que te autorice a realizar los ejercicios físicos.

El Sexto 6°

Nombre en Sánscrito: आज्ञा Ajna chakra: La palabra Ajna significa "mando". Es como el centro de mando de los chakras inferiores. Es mejor conocido como Chakra del tercer ojo.

Simbología: Es un loto índigo con 96 pétalos representados por dos pétalos (dos veces 48 pétalos), éstos son la fuerza vital (nadi píngala) y la fuerza mental (nadi ida) convergiendo en el centro a un círculo junto con el nadi sushuma, la fuerza espiritual; dentro del círculo un triángulo rojo invertido (Shakti-energía/fuerza/poder) y un lingam (Shiva-consciencia).

Color: Índigo, Lila, Añil (Activa) / Azul claro (calma)

El sexto Chakra va más allá del físico, pertenece al mundo sutil del espíritu, con principios superiores y permanentes conectándolos con el maravilloso mundo del pensamiento, mientras nos permite visualizar y entender conceptos mentales para generar ideas. En este Chakra se tiene la energía del sol y de la luna unidas, en representación del aspecto terrenal, la fluidez, la consciencia, la neutralidad, la austeridad, la violencia y la devoción, quitándonos velos de los ojos mientras nos transporta a una visión superior, a nuestros Ángeles, a nuestros guías, a nuestra alma y a la Divinidad, aumentando nuestras facultades intuitivas, sensoriales y creativas.

Gracias a él, se puede tener sueños lúcidos y profundos, mientras nos transporta más allá de lo terrenal para encontrarnos con nuestra verdadera esencia, el "Yo Superior"; el "observador imparcial", en el camino de la aceptación, del libre juicio, estando presente en el único tiempo que existe que es el aquí y ahora.

Provoca el discernimiento para concentrarnos en nuestra visión interior para encontrar la realidad, además cuenta con mucha influencia sobre la supervivencia, independencia y autoestima, dándote la seguridad de que mereces lo mejor. Por eso sus frases son: "Yo Comprendo", "Yo veo", "Yo tengo derecho a ver", "Yo Tengo".

Principales Funciones: Está íntimamente ligado a la glándula pineal, la cual si se activa permite conectar con cosas que van más allá de nuestra existencia física. Guarda la relación con la intuición, la sabiduría y el desarrollo espiritual. La manera ideal de abrir el tercer ojo es la meditación regular para activar la glándula pineal.

Procura: Sabiduría, energía telepática, abrir el tercer ojo, iluminar el pensamiento y el ser, integración, inspiración, concentración, capacidad para visualizar y entender conceptos mentales.

Elemento: La Mente y la Luz

Ubicación: Se ubica en la frente en la zona del entrecejo.

Emociones: Afecta dando depresión. indecisión, confusión, pesadillas, raciocinio, imaginación disciplinada, superioridad moral, paranoia, cinismo, ansiedad, negación de la realidad, creatividad, seguridad, visión, Paz, tranquilidad, inspiración, olvido, miedo al futuro.

Lo que provoca en Equilibrio: Con este centro energético balanceado, se obtiene sabiduría e intuición, a través de una mente estable y fuerte, lo que le ayuda a obtener gran control sobre el prana o fuerza vital. Se adquiere mucha creatividad para poder balancear las energías de intelecto que le llegan a través del Chakra de la garganta y la inspiración e intuición, desde el Chakra dela corona.

Este Chakra provoca tomar consciencia universal, a través del "Yo Superior" integrando todos los aspectos del ser humano. A través de la respiración consciente y la meditación enfocada en este Chakra, se activa provocando un encuentro con el Alma. De tal manera que la intuición y percepción extrasensorial se abren y expanden, desarrollando de igual manera algunas otras habilidades que ayudan a cumplir metas y abrir caminos.

El sexto sentido se desarrolla mejor, por lo que se puede ser clarividente o bien permitiendo percibir situaciones y cosas que no se expresan, con gran capacidad de discernimiento y sensibilidad, dando a la persona la capacidad de evaluar y autoevaluarse libre de juicios y ego. Si se llega a desarrollar correctamente este don, podrá incluso enviar y recibir mensajes telepáticos.

Aspectos negativos: Cuando el Chakra del tercer ojo se encuentra sucio, tapado o bloqueado, se puede llegar a tener

trastornos psicológicos, confusión mental e incluso alucinaciones, problemas en la vista, dolores de cabeza, problemas
de coordinación, desorden del sueño, migraña. confusión,
ideas bloqueadas o ausencia de ellas, poca percepción.

Se generan pensamientos repetitivos que afectan las emociones, limitando la percepción real de la situación, se pierde
el pensamiento racional e intuitivo quedando sin capacidad
de organizar y dirigir su vida. El ego lo absorbe, llevándolo a
tener una conducta negativa con pensamientos egoístas, ya
que se vuelve un tanto supersticioso y dogmático. Al estar en
desequilibrio, puede caer en la ingestión de drogas, lo hace
que sea ilógico, demasiado intelectual y distraído.

Glándula: Pineal, Pituitaria, Hipófisis e Hipotálamo

Incluye: Nariz, orejas, sistema endocrino, la base del crá-
neo, el sistema nervioso, con los centros nerviosos de todos
los órganos del cuerpo. La hipófisis y las glándulas del cuerpo
que gobierna, mente, frente, sienes, ojos, senos paranasales,
sistema endocrino, sistema nervioso, glándula pineal, glándula pituitaria.

El órgano sensitivo del chakra del tercer ojo es el oído, el
sentido del oído.

*Preguntas que debes hacerte para saber si este Chakra
se encuentra cerrado:* ¿Soy mentalmente fuerte? ¿Soy capaz
de resolver? ¿Tengo muchas ideas? ¿Sé tomar decisiones y acciones para traerlas a la realidad? ¿Soy capaz de visualizar mis
sueños? ¿Soy capaz de cumplir mis metas? ¿Soy creativo? ¿A
veces presiento lo que va a suceder? ¿Tengo buen instinto?
¿Confío en mi visión? ¿Comprendo cuál es mi verdadero Ser?

***Si respondiste de 3 a 5 que no, este Chakra se encuentra sucio, procura hacer alguno de los ejercicios sugeridos para limpiarlo.

*****Si respondiste de 5 a 7 que no, este Chakra se encuentra boqueado, es necesaria una limpieza.

*******Si respondiste a 7 o más que no, este Chakra se encuentra tapado y urge una limpieza profunda.

Diferentes maneras de limpiar y abrir el Chakra tú mismo: Con estos ejercicios lograrás activar la energía atrapada y conducirla hasta el Chakra Coronilla para su unión con la consciencia pura.

*Una vez que ya hayas limpiado los Chakras 1, 2, 3, 4 y 5; limpia, desbloquea y armoniza el Chakra 6, del día 36 al 42, para después poder seguir con el Chakra 7.

Decretos: "Yo Estoy tranquilo", "Yo puedo resolver mis problemas" "Yo veo con claridad" "Yo comprendo".

Figura de Geometría Sagrada:

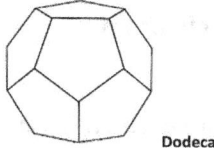

Dodecaedro pentagonal

La función de esta figura es la ascensión y misterio del "Yo interior". Representa al Universo con el microcosmos que eres tú y el macrocosmos que es la totalidad. Es el prana, la energía vital, el éter, el poder femenino, la madre, la creación, el origen. La energía del Dodecaedro, conecta directamente con la Luz del Creador, vitalizando, autorizando y dando poder para decretar cualquier cosa que se desee, que provenga del amor y por amor, siendo muy claros y específicos al hacerlo, así nos ayudará a recibir todo lo que el Universo tiene para nosotros y que nos corresponde por derecho Divino. El origen proviene de la Madre, por lo que genera energía femenina (Yin).

Esta figura ayuda también a sanar garganta, cuello, hombros, boca, ojos, nariz y oídos, una de sus mayores cualidades es que es muy relajante, por lo que te recomiendo usarla cuando estés con angustia e intranquilidad. Si trabajas en terapias puedes colocar un Dodecaedro en el espacio en que laboras, para transmitir la paz que se requiere.

De igual manera, puedes poner una figura o imprimirla en un papel para colocarla sobre las áreas a tratar. Es muy bueno usarla regularmente sobre la garganta para que tu conexión con el todo y con tu verdadero Ser, se armonice y se solidifique, así tus emociones mejorarán y podrás sentirlas más profundamente.

Tapping: Con el dedo pulgar de tu mano derecha, presiona sobre el dedo anular de tu mano izquierda por 30 segundos, después comienza a dar pequeños golpes con tu dedo índice en el mismo punto, enseguida has lo mismo con tu dedo pulgar izquierdo y tu mano derecha. (Observa la ilustración 6.2 para ubicar en donde se encuentra el punto relacionado con el Chakra del Tercer Ojo).

Mineral. - **Puedes llevar contigo cualquiera de estos minerales:** Amatista, Lapislázuli, Fluorita Lila

Medita y Recita el Mantra: "SAMBHU", "KSHAM"

Aromaterapia: El limón es ideal para limpiar y activar el sexto chakra, ya que promueve la intuición, ayudando a aterrizar ideas y aclarar pensamientos. otros aceites que ayudan a la concentración, el entendimiento y la intuición, son el romero, albahaca, enebro y tomillo.

Nota Musical y Música Recomendada para alinear la energía, haciéndola girar correctamente:

LA / "Cosmos" de Vangelis, "Fuego Mágico" de las Walkirias de Wagner.

Ejercicios: Para limpiarlo, desbloquearlo y equilibrarlo, lo mejor son las meditaciones guiadas, ya que ayudan a abrir tu tercer ojo mediante la visualización, creatividad e imaginación. También se puede dar masaje, si se es mujer en forma de círculos hacia la derecha primero y luego hacia la izquierda, los hombres primero a la izquierda y después a la derecha, de igual manera hacerlo con los ojos y las sienes. Visualizar figuras geométricas, colores, animales, lugares y todo lo que te pueda llenar de pasión para que lo hagas con la intención de verlo de verdad.

**Es importante consultar a tu médico para que te autorice a realizar los ejercicios físicos.

El Séptimo 7°

Nombre en Sánscrito: सहस्रार Sahasrāra chakra que significa mil, más conocido como Chakra de la corona.

Simbología: Se representa con un loto blanco y violeta brillante de mil pétalos, en su centro un lingam de luz, que simboliza la consciencia pura.

Color: Violeta / Blanco

El Séptimo Chakra es el que te conecta con tu Divinidad, Tu Yo superior, Tu Dios, Tu todo, te ayuda a sentir como el macrocosmos vibra dentro de ti. Es el plano espiritual más profundo y de donde nace la frase de metafísica espiritual "Yo Soy", ya que tú eres el todo, eres uno con el universo, con el Creador.

En este Chakra nace tu personalidad, la cual te conecta e integra a tu vida terrenal y a los aspectos humanos, convirtiéndote en uno contigo mismo a través de un compromiso espiritual, consciente y constante. Este chakra con su fuerte energía gracias a la vibración alta que transmite, genera en algunos casos una Luz dorada, que da inicio al aura, como si fuera una corona como la que ponen a los Santos en las iglesias. El Chakra de la corona une todos los cuerpos, el físico, mental, espiritual, sentimental y etérico astral.

Principales Funciones: Consciencia Divina, Consciencia Cósmica, Conocimiento, Trascendencia, Entendimiento, Júbilo, Liberarse de las Ataduras, Trascender el Karma, Conexión, Comprensión, Unidad, Serenidad y Gozo Divino. Cuando se mantienen los 7 Chakras limpios, balanceados y activos, este Chakra envía la energía de la Divinidad hacia abajo y toma la energía de la Madre Tierra mientras asciende desde el Chakra raíz, pasando por el resto hasta culminar en la Corona, provocando lo que conocemos como la serpiente Kundalini, que representa la iluminación, la realización absoluta, la consciencia cósmica, la paz y la felicidad.

Procura: La Unidad por medio de la unión del masculino y femenino, para conquistar la dualidad que nos guiará a la esencia integrada con el cosmos, dándonos la oportunidad de elevar nuestra consciencia Espiritual, a un nivel en el que nos percataremos que somos parte de algo mucho más grande que nosotros mismos.

Elemento: El Oro y el Espacio

Ubicación: El séptimo Chakra está ubicado en la coronilla, en la parte más elevada de la cabeza (los parietales).

Emociones: Falta y pérdida de identidad, propósito, inspiración, desconexión, avaricia y materialismo, unión, unidad, Consciencia pura, conexión, sabiduría, potencial ilimitado, posibilidades, disolución de barreras, ira.

Lo que provoca en Equilibrio: Tolerancia para comprender lo que es, libre de juicios, con la consciencia puesta en el todo. Muy pocas personas llegan a alcanzar la sabiduría suprema, tú puedes ser una de ellas si te lo propones. La aceptación de que cada persona camina a su propio ritmo y en su propio camino, sin intentar interferir. Procura la conexión de la Tierra con las energías supremas y la Divinidad, para vivir en armonía con el "todo". Procesos Intuitivos y percepción interna.

Aspectos negativos: Cuando este centro de energía está sucio, tapado o bloqueado, se comienzan a presentar desórdenes mentales, enfermedades como Parkinson, Alzheimer, depresión y problemas de coordinación, también se pueden presentar perturbaciones emocionales, tal vez sin darse cuenta, pero en casi todas se dramatiza para llamar la atención con el victimismo, la autocompasión y el martirio, ya que el ego cada vez es más grande, obligando a la persona a alimentarlo con miedo y sufrimiento, siempre buscando el apoyo de los demás para hacer las cosas. En ocasiones también es el otro lado de la moneda y se muestran actitudes de prepotencia, sin la capacidad de pensar de forma íntegra. Las personas que no creen en la Divinidad o que son muy apegados a una religión sin creer en su espiritualidad, tienen este Chakra bloqueado, con mucho apego al sistema de creencias, lo que provoca dificultad de creer lo que realmente ES. Cuando el Chakra corona está sucio, es complicado tener una conexión abierta y directa con su Yo Superior o la Divinidad.

Glándula: Epífisis o Pineal.

Incluye: Al chakra de la corona le corresponden el cerebro y la bóveda craneal.

El órgano sensitivo del chakra ninguno.

Preguntas que debes hacerte para saber si este Chakra se encuentra cerrado: ¿Me siento como si fuera un milagro? ¿Estoy conectado con Dios? ¿Soy parte del Universo? ¿Mi vida tiene un propósito? ¿Me veo como un Ser Espiritual? ¿Tengo honestidad? ¿Puedo aprender de las experiencias? ¿Me siento capaz de desarrollar sabiduría? ¿Siento que tengo comunicación con mi Yo superior? ¿Me he percatado de mensajes sutiles?

***Si respondiste de 3 a 5 que no, este Chakra se encuentra sucio, procura hacer alguno de los ejercicios sugeridos para limpiarlo.

*****Si respondiste de 5 a 7 que no, este Chakra se encuentra boqueado, es necesaria una limpieza.

*******Si respondiste a 7 o más que no, este Chakra se encuentra tapado y urge una limpieza profunda.

Diferentes maneras de limpiar y abrir el Chakra tú mismo: Con estos ejercicios lograrás activar la energía atrapada y conducirla desde el Chakra raíz hasta el Chakra Coronilla logrando el Kundalini.

*Una vez que ya hayas limpiado los Chakras 1, 2, 3, 4, 5 y 6, limpia, desbloquea y armoniza el Chakra 7, del día 43 al 49, una vez que hayas completado todos los Chakras, da un repaso y verifica si debes reforzar la limpieza de alguno de ellos.

Decretos: "Yo Soy", "Yo tengo derecho a saber" "Yo tengo derecho a Ser" "Yo Soy uno con el Universo".

Figura de Geometría Sagrada:

La Esfera

La Esfera se forma a partir de un círculo, el cual su diámetro es Pi, que se trata de un número infinito que nunca termina y nunca se repite, además en el centro contiene un punto al que se le asocia como el inicio y el final de cualquier forma de creación. La esfera puede contener todas las formas, representa al Espíritu, la unidad, la inclusión, la integridad, la totalidad y la realidad. Siendo que todas sus medidas son iguales y se le relaciona con cosas tan grandes como los planetas, y tan pequeñas como las semillas, las células, los átomos.

Tapping: Con el dedo pulgar de tu mano derecha, presiona sobre la palma de la mano izquierda por 30 segundos, después comienza a dar pequeños golpes con tu dedo índice en el mismo punto, enseguida has lo mismo con tu dedo pulgar izquierdo y tu mano derecha. (Observa la ilustración 6.2 para ubicar en donde se encuentra el punto relacionado con el Chakra de la Coronilla).

Mineral. - **Puedes llevar contigo cualquiera de estos minerales:** cristalinas, cuarzo cristal, amatista, diamante, selenita.

Medita y Recita el Mantra: "LAM"

Aromaterapia: El séptimo chakra puede ser activado con el aceite de lima ya que mejora la percepción de la realidad y clarifica la mente.

Nota Musical y Música Recomendada para alinear la energía, haciéndola girar correctamente:

DO / Los Valses de Strauss, Fuego Mágico de las Walkirias de Wagner

Ejercicios físicos: El Yoga es uno de los mejores ejercicios físicos para estimular los Chakras, sin embargo, es de mucha ayuda para este en especial, ya que conecta con la trascendencia. Cualquier tipo de meditación como mínimo 20 minutos, también la oración y decretos. Puedes intentar concentrar tu atención por 20 minutos en tu respiración mantenerte aquí y ahora, sin perderte en el pasado o futuro, preferiblemente teniendo algún contacto con la naturaleza o en su defecto incienso y recitando el mantra OM.

¡Felicidades! Estás por terminar de activar correctamente todos los Chakras, ahora te conectarás más profundamente con la consciencia universal, dándote cuenta que la creación no tiene límites, que eres Uno con el TODO, por lo que tus dones y tu poder son del tamaño del cosmos, que tienes el don, el poder y la capacidad de transmutar todo lo negativo que pueda existir en tu vida. ¡Bienvenido a tu nueva realidad! ¡Siéntete Feliz!

**Es importante consultar a tu médico para que te autorice a realizar los ejercicios físicos.

Ve de nueva cuenta al final del libro a la hoja de Emociones y escribe cuál es tu emoción actual, qué es lo que estás sintiendo después de haber leído toda la información de este capítulo.

Puntos de Ubicación de los Chakras en las Manos

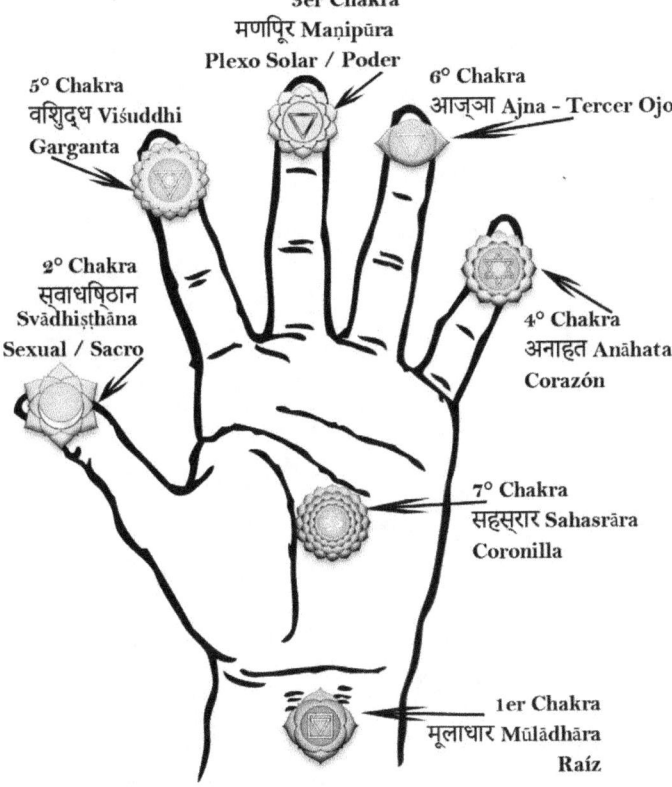

ilustración 6.2

CAPÍTULO 8
Transforma Tu Cadena de Emociones

La Percepción Personal

Ahora que ya has equilibrado tu energía te encuentras más ligero, un gran cambio existe en ti y seguirá desarrollándose conforme sigas avanzando, así que llegó el momento de transformar tu Cadena de Emociones basado en lo que has aprendido hasta ahora y en el ejercicio que sigue. Te recomiendo que, si alguna memoria lastima, ubiques al Chakra que afecta y lo limpies de inmediato.

Algo importante que debes saber, es que cuando salgas de tu zona de confort, muchas emociones se moverán y brotarán pensamientos extraños que te provocarán quedarte en el lugar en donde te encuentres, porque tu ego no quiere que cambies ni que hagas un esfuerzo de más para salir del estado y lugar al que te has acostumbrado. Has caso omiso de él y sigue avanzando, estás muy cerca de lograrlo, no importa si necesitas esforzarte mucho, créeme ¡valdrá la pena!

Si has llegado hasta aquí, es porque estás decidido y algo en el libro movió tus emociones, tal vez puedas estar de acuerdo conmigo en todo, en mucho o en nada, pero has encontrado algo que mueve tu interior, que te lleva a investigar, a experimentar y a poner en duda todas las opciones. Siendo justo eso lo que deseo provocar en ti, ya que es lo que te llevará a encontrar el éxito junto con tu felicidad.

Cada ser humano es diferente, de acuerdo a su sistema de creencias y a sus experiencias en esta vida y en otras, como ya lo dijimos. Por eso cada quién piensa de manera diferente, el linaje también es una parte muy importante, es decir, todas las experiencias de tus antepasados también han transformado tu vida actual, llevas la herencia de los éxitos, las derrotas, el dolor, las alegrías, etc. Así, todas las emociones que tuvieron cada uno de ellos están en Ti, muchas de ellas implantadas en las creencias que se te enseñaron.

Tuviste también que adaptarte, cumplir, llevar y luchar de acuerdo a tu educación, tu religión, la sociedad en la que te has desenvuelto, con su ego incluido. La diferencia hoy, radica en que después de tanto luchar has despertado a tu verdad, sabiendo que esa realidad en la que has vivido puede ser transformada, modificada y mejorada de gran manera y, que el único que tiene el control eres Tú, así que ¡siéntete feliz, porque estás decidido y lo vas a lograr!

A partir de hoy, toma todo lo que has aprendido hasta ahora, como dice el dicho: "la práctica hace al maestro", comienza a desarrollar el don de la perseverancia, no permitas que nadie te diga que no se puede, experiméntalo por ti mismo hasta que encuentres la respuesta correcta para ti, pero sin engañarte, no digas que si lo estás haciendo cuando únicamente estás tomando una pequeña parte del aprendizaje, debes ser muy congruente y muy honesto contigo mismo. Comienza a mover tu cadena de emociones, a disolver los es-

labones que no te funcionan o que te hacen un mal. Empieza por limpiar y armonizar tus Chakras como lo aprendiste en el capítulo pasado para poder seguir con el resto de los ejercicios.

¿Cómo se Forman los Eslabones en Mi Cadena?

Para poder restaurar, armonizar, limpiar, balancear y aprovechar de buena manera tu Cadena de Emociones, debes comprender al 100% cómo es que se forman los eslabones, por eso vamos a repasar con este resumen, puedes regresar a ver las ilustraciones 2.1 / 2.2:

1. Se genera un pensamiento, de acuerdo a TU percepción general del asunto a tratar.

2. Insertas un sentimiento a ese pensamiento, ya sea de Amor (positivo) o de miedo (negativo).

3. Dependiendo del sentimiento que le hayas insertado, se comenzaran a generar pensamientos hermanos. Ya sea que sean negativos por venir del miedo o positivos por venir desde el Amor, aunque tu Espíritu, tus guías y seres de Luz, intentarán aconsejarte y guiarte para llevarte por el camino del Amor.

Dependiendo en el estado de consciencia en el que te encuentres, será tu comprensión y contacto con tu

Divinidad, para saber elegir correctamente, de otra manera te boicotearás a ti mismo de nueva cuenta, comenzando una vez más a transitar por el mismo camino y con las mismas experiencias de vida basadas en el miedo. Esto dependerá en gran manera de la salud de tus centros de energía (Chakras), ya que el ego de cualquier manera intentará intervenir para que se generen pensamientos de miedo, como dudas o inseguridades.

4. Una vez que hayas generado los pensamientos hermanos desde el amor o el miedo, comenzarás a generar emociones, ya sean positivas, negativas o tóxicas. Si vienen del Amor se incrementará tu fuerza y seguridad, incluso si alguien más está en desacuerdo contigo, ya que buscarás encontrar tu verdad y demostrarla, creando al mismo tiempo eslabones en tu cadena de emociones, mucho más fuertes, a veces irrompibles. Pero si vienen del miedo, entonces se generará inseguridad y dudas, convirtiéndote en un ser vulnerable e inestable.

5. Ahí se forman esos eslabones que llevarás cargando por siempre o al menos hasta que hagas algo por mejorarlos o modificarlos, porque incluso los eslabones positivos se pueden mejorar.

¿La Cadena se Forma Conscientemente?

Lo ideal sería eso, que nunca perdiéramos la Consciencia, ya que eso es lo que somos, desafortunadamente lo olvidamos, pasando toda la vida tratando de recordar, de recuperar esa Luz de Sabiduría que alguna vez tuvimos. Para lograr eso, es que hemos tenido que pasar por una serie de experiencias, cada quién las pasa de acuerdo a su nivel de Consciencia, así que tus experiencias no han sido las mismas a las de ningún otro ser humano. Tal vez han sido similares, pero no iguales.

Entonces por supuesto que tu cadena no la has formado conscientemente, a menos que hayas nacido muy desarrollado y permanecido despierto, lo cual no sucede muy frecuentemente, ya que se viene a esta vida a evolucionar, aunque se trate de una persona muy calculadora, sería imposible saber si lo está haciendo bien o mal. A lo largo de la vida, cada quién toma sus decisiones basado en su experiencia y creyendo que lo que están haciendo, lo están haciendo bien. Incluso una persona que lastima a propósito a otra, piensa que lo está haciendo porque así debe ser. Así como puede sonar increíble para ti, tal vez para esa persona es increíble pensar en las decisiones que tú has tomado.

Cada quién busca sus modos para obtener sus fines, afortunadamente hay muchas más personas que se preocupan por no lastimar, que aquellos a quienes no les importa. El ser una buena persona y preocuparse por los demás esa es una lógica general, sin embargo, hay mucha gente, pueblos y naciones que no lo creen así. Ellos Piensan que solo están buscando lo mejor para cada quien, como ya sabemos, de acuerdo a sus creencias, religión, sociedad y a su capacidad de evolución dentro del despertar. Como bien dice el dicho "cada cabeza es un mundo".

Siendo así, cada quién genera su propia Cadena de Emociones, ésta es única e irrepetible, como lo es cada ser humano. La tuya lleva tu nombre escrita en ella y junto con eso, tu historia presente, pasada y futura, ya que esos eslabones también marcan tu futuro, dependiendo de qué tipo de sean. Los eslabones tóxicos los puedes romper, soltarlos de tu cadena de una vez por todas, esto comenzarás a lograrlo dejando a un lado los juicios propios y externos, comenzando a analizar profundamente por qué y para qué son las cosas que han sucedido, es tiempo de dejar las excusas a un lado, comienza a hacerte responsable de tus decisiones, ya que solo han sido tuyas.

Y como ya lo mencionamos, hay diferentes tipos de eslabones, aunque en esta ocasión hablaremos de que todos ellos te han hecho crecer, sufrir, mejorar, llorar, lastimar, evolucionar, reír, ganar, perder, etc. Sin importar si han sido buenos, malos o tóxicos. Aquí nos enfocaremos únicamente en reconocer que todo lo que viviste, tuve que haber sido así, de otra manera no serías el ser humano brillante, inteligente, audaz y hermoso que hoy eres. Sin duda te falta mucho por evolucionar, pero una vez que aprendas a vivir la vida sin ataduras, sin miedo, siendo libre y buscando siempre lo mejor en todas las circunstancias que se te presenten, incluso en las malas o no tan buenas, tu vida se transformará positivamente, encontrarás respuestas, salidas, sonrisas, lágrima disfrazadas de alegría, llegando a la meta que te has trazado, con una nueva perspectiva, más amplia, más verdadera, más hermosa.

Los Invitados en la Cadena de Emociones

Tal como lo leíste, todas las Cadenas de Emociones cuentan con invitados que se van agregando a lo largo de la vida, entran y salen, otros se incorporan, incluso algunos nunca logran desprenderse. Estos invitados llegan por su propia cuenta o con invitación personal, la cual no pueden rechazar. Esto sucede muchas veces inconscientemente, sin quererlo, sin buscarlo o pensarlo y muchas otras se hace conscientemente. Esto es porque en alguna de las dos partes o en las dos existe la necesidad de dependencia.

El "Amor" lleno de ego, puede provocar el deseo de no querer separarte o despegarte nunca de alguna persona. Por ejemplo, hay padres que son muy aprensivos, sobre protectores o dominantes, que buscan estar siempre al lado de sus hijos y controlar su vida de alguna manera sin importar su edad. También existen parejas, que se sienten tan incompletas, que tienen la necesidad de permanecer de alguna manera atadas, aunque muchas veces también sucede de un solo lado, el hombre o la mujer busca crear emociones tóxicas que lo aten a la Cadena de Emociones de su pareja, de igual manera le crea emociones tóxicas a su pareja para tenerlo por siempre, como eslabón en su Cadena de Emociones.

Esto definitivamente es porque el ego junto con su cómplice el subconsciente, te incitan a atar a las personas que creen que de alguna manera son indispensables para ti, para que estando en tu Cadena, permanezcan también de alguna manera dependientes de ti. Desafortunadamente cuando alguien ajeno está atado a tu Cadena de Emociones, por toxicidad, regularmente se la pasan mal, pero genera adrenalina que es muy adictiva. Esto hace que se mantengan cerca para seguir generando esa adrenalina a través de peleas y disgustos, hasta que de tanta toxicidad los eslabones empiezan a destruirse, desvaneciéndose mientras los involucrados se pierden de su camino. En ese inter, nada de lo que vivieron les dio felicidad, es imposible poder construir cuando la relación viene atada y con emociones tóxicas.

Si te estás preguntando, ¿Lo he hecho a propósito? La respuesta es ¡Sí!, aunque la mayoría de las veces haya sido inconscientemente. La buena noticia es que podrás liberar a las personas que llevas cargando en tu cadena, al igual que podrás liberarte de las cadenas ajenas que a ti te tienen atado, ya que en ambos casos representan un peso para ti, que lejos de hacerte sentir bien, te lastiman, te pesan y agregan más emociones tóxicas a tu Cadena, lo que no te permitirá avanzar libremente, bloqueando tu camino y tu crecimiento. Ubica a quienes llevas cargando en tu cadena y si ha sido porque han llegado por su cuenta o si tú les hiciste una invitación

porque de alguna manera necesitabas de ellos; una vez más sé muy honesto de lo contrario no podrás liberarte. De igual manera revisa si tú te encuentras atrapado en la Cadena de alguien más, ya sea familiar, amigo, pareja, tu jefe, compañeros, conocidos, etc. Apúntalo en el área de "El Laberinto del Séptimo Rayo 7°.

Una vez que descubras a todos tus invitados y a la persona o personas que te tienen como invitado en sus Cadenas, intenta verlos con empatía, no los culpes, aunque te estén causando emociones tóxicas dependientes, analiza muy profundamente si eres tú quien causo esa dependencia, o ellos. Recuerda que esto se hizo inconscientemente, muy pocas veces se hace consciente. Si alguien se atreve a hacerlo conscientemente, deberá ser una persona mala en toda la extensión de la palabra, si esto te ha sucedido, corta lo más rápido posible ese eslabón y aléjate de la persona, sea quien sea. Si crees que fue inconscientemente por parte de ellos o tuya, piensa que todos cometemos errores, que muchas veces no sabemos cómo actuar, además de comprender y tener muy claro que las emociones también van de acuerdo a la percepción, a lo que se ha vivido y experimentado.

De preferencia habla con estas personas y hazles saber que han tenido una serie de eslabones tóxicos, los cuales los han atado a una relación tóxica, explica con amor que deben liberarse de esas emociones para vivir en paz, tal vez con un poco de suerte comprendan, de no ser así, no insistas. Cuando hables con ellos, hazlo desde el Amor y por Amor, sin imponer tus creencias y tu percepción, escucha también desde su punto de vista, aceptando que su realidad es esa y es diferente a la tuya, porque cada ser es único e irrepetible. Así cada quién expresará la emoción que contiene, pudiendo llegar a un diálogo interno muy profundo en el que encontrarán la comprensión, liberándose de las cadenas ajenas. Así que deja ya de dar escusas del porque lo debes de hacer y, comienza a ver el para que lo vas a hacer.

Realiza ese viaje a tu interior siendo muy honesto contigo mismo, acéptate y ámate tal y cómo eres ya que eres un Ser de Luz hermoso, valioso y amoroso. Reflexiona y Observa los errores del pasado, apúntalos en el área de pensamientos para que durante el ejercicio los recuerdes y logres soltarlos habiendo aprendido una lección, de lo contrario seguirás cometiéndolos una y otra vez. ¡Es tiempo de transformarte y adaptarte a una nueva realidad y a un nuevo sistema de creencias que te harán feliz!

El cambio no será fácil.

En tus manos está la decisión de liberarte. En el proceso te toparás con algunas barreras como las siguientes y algunas más:

- El Dolor irremediablemente sucede cuando algo que no nos gusta, pasa. En algunas ocasiones también el dolor nos atrapa porque existe, es algo natural, sin embargo,

tienes el poder de optar por no sufrir. Como dijo Sidaharta Gautama Buda después de muchos años de meditación: "El dolor es inevitable, el sufrimiento es opcional". Esta es una gran enseñanza que nos dejó y hay que analizarlo profundamente, por ejemplo:

Una persona deja a su pareja causándole un gran dolor, sin embargo, el sufrimiento es opcional. Esta persona tenía dos opciones, superarlo o hundirse en el dolor con mayor profundidad y permanecer ahí. Entonces decide que sufrirá porque se siente engañada, frustrada, enojada, luchando con su ego, encontrando siempre una buena excusa para sufrir. Así se sumerge en pensamientos negativos de todo lo malo que sucedió, golpeándose a sí misma al repetirse la situación tal y como pasó, una y otra vez, con las mismas palabras de abandono, solo que ahora tienen mayor fuerza para lastimar, por lo que cae en las redes del victimismo, entonces busca vivir bajo el manto del sufrimiento porque siempre saca de ahí inconscientemente algún beneficio. Puedes pensar que no es posible que alguien quiera vivir en el sufrimiento. Desafortunadamente así es.

＊ Un ejemplo de los beneficios que se sacan al generar emociones de sufrimiento es lograr la atención de las personas, un ejemplo específico sería alguien que pasa su vida enfermando, porque su subconsciente ya se dio cuenta que en ese estado todos le prestan más atención de lo normal, así su ego se engrandece y opta por seguir enfermando, para tener a sus seres queridos cerca, está de más decir que esto lo hace sin darse cuenta, se enferma sin notar el egoísmo en el que está incurriendo. Si tú eres una de esas personas, no te ofendas y mejor busca las respuestas, ¿qué es lo que tú ganas, enfermándote? Te repito, no es algo que hagas conscientemente; conscientemente tú quieres estar sano. Cuando encuentres las respuestas, repentinamente tus enfermedades se desvanecerán, si es lo que deseas, olvida el orgullo y sé honesto contigo mismo para que puedas seguir avanzando, comprendiendo y solucionando, ya que para eso estás aquí.

- La Duda es algo que ataca, como un león hambriento, siempre que una persona se mueve del lugar en el que se encontraba cómoda, no bien ni mal o regular, solamente cómoda, el ego brinca recordándole que, si sale de su zona de confort, corre peligro ya que no tiene garantizado nada, y así es, nadie te promete que todo va a salir bien. De tus decisiones dependerán tus resultados, pero quedarte estancado en el mismo lugar, no te llevará a ningún sitio. Busca en tu interior, explora cada rincón, cada pensamiento, cada sentimiento. Por primera vez, detente a analizar todas las opciones, pero sobre todo a analizar con profundidad, qué es lo que has hecho por seguir una norma y qué es lo que has hecho por darle vida a tu pasión.

- El miedo al cambio. – Una vez que hayas decidido moverte del lugar en el que te encontrabas, sabes que tendrás un cambio. No le temas, al contrario, todo debe cambiar y créeme que cambiará para bien, porque al fin te estás reconociendo con tus defectos y virtudes, con tus equivocaciones y aciertos, con tu Luz y tu sombra. Ahora respira profundo y procura que tu interior esté en paz, para que puedas modificar tu exterior con éxito. La manera en la que pienses, actúes y sientas, será la manera en la que tu paz, tranquilidad y felicidad se desenvuelvan.

Ve de nueva cuenta al final del libro a la hoja de Emociones y escribe cuál es tu emoción actual, qué es lo que estás sintiendo después de haber leído toda la información de este capítulo.

CAPÍTULO 9
El Momento de la Verdad

El Descubrimiento.

Llegó el momento de la verdad, ahora es cuando debes sacar tu fuerza, tu seguridad, tu confianza y la fe en ti mismo para reconocer honestamente cada emoción. Seguramente te identificarás con muchas emociones, sin embargo, no debes intentar modificarlas todas de un solo golpe, por el momento te pido dejar a un lado las menos relevantes, por favor utiliza la hoja de "Mis emociones" para apuntar aquellas con las que te identifiques profundamente. Realiza tus apuntes con lápiz en el siguiente ejercicio, para que puedas ir anotando y borrando para que hagas tu selección correctamente, aquellas que en verdad hayan marcado tu vida de alguna manera son las que deberás trabajar primero.

Para realizar este ejercicio, te pido tomar un espejo y mirar tu reflejo en él mientras pronuncias el nombre de cada emoción, observa tus ojos, tu boca, descubre lo que te hace sentir cada una de ellas y anota con una paloma ✓ si sentiste algo fuerte POSITIVO, clasificándola del 1 al 10, siendo que el 1 es el más bajo y el 10 el de mayor intensidad o con un tache ✗ si sentiste una emoción fuerte NEGATIVA, clasificándola de igual manera del 1 al 10, siendo que el 1 es el más bajo y el 10 el de mayor intensidad.

Al terminar repasa de nuevo la lista observando cuáles fueron las que te provocaron emociones fuertes y clasifícalas en el área de *"Mis Emociones"*, como positiva, negativa, tóxica o combinada, para que te dediques a ellas en el ejercicio de *"El Laberinto del Séptimo Rayo* 7°*"*. Más adelante tendrás la oportunidad de borrar las que ya has solucionado para tratar otras nuevas.

Emociones

Esta es una lista de 250 emociones que no se encuentran clasificadas porque, aunque existan muchas emociones que coincidan con la mayoría de las personas en general como positivas, negativas o tóxicas, siempre depende de cada persona, de su nivel de consciencia, de sus vivencias y su percepción. Por lo que por respeto y para no influir en tus emociones, Tú deberás clasificarlas tal y como para ti han sido. Ejemplo:

✓✗	Emoción	Clasificación
✓ 8	Abandono	Emociones Tóxicas

EMOCIONES

✓x	Emoción	Clasificación
	Abandono	
	Benevolencia	
	Calma	
	Decepción	
	Depresión	
	Ecuanimidad	
	Encanto	
	Fastidio	
	Fervor	
	Generosidad	
	Hastío	
	Honorabilidad	
	Ilusión	
	Imperturbabilidad	
	Júbilo	
	Lástima	
	Logro	
	Manipulación	
	Menosprecio	
	Necesidad	
	Obligación	
	Paciencia	
	Rabia	
	Satisfacción	
	Simpatía	
	Temor	
	Ternura	
	Terquedad	

	Traición	
	Unidad	
	Valoración	
	Zozobra	

✓x	Emoción	Clasificación
	Abatimiento	
	Abrumado (estar)	
	Aburrimiento	
	Bondad	
	Cansancio	
	Cariño	
	Celos	
	Dependencia	
	Derrota	
	Empatía	
	Enfado	
	Felicidad	
	Firmeza	
	Gozo	
	Honestidad	
	Hostilidad	
	Impaciencia	
	Impotencia	
	Justicia	
	Libertad	
	Melancolía	
	Nostalgia	
	Obnubilación	
	Omnipotencia	

	Pánico	
	Pavor	
	Rebeldía	
	Regocijo	
	Seguridad	
	Templanza	
	Vacío	
	Valentía	

✓x	Emoción	Clasificación
	Abuso	
	Aceptación	
	Acompañamiento	
	Cercanía	
	Cólera	
	Desamor	
	Desamparo	
	Enjuiciamiento	
	Enojo	
	Fortaleza	
	Fracaso	
	Humildad	
	Humillación	
	Incapacidad	
	Incompatibilidad	
	Intriga	
	Miedo	
	Molestia	
	Optimismo	
	Orgullo	

	Ostentación	
	Paz	
	Pena	
	Pereza	
	Rencor	
	Repudio	
	Soidaridad	
	Sometimiento	
	Terror	
	Timidez	
	Vergüenza	
	Vulnerabilidad	

✓×	Emoción	Clasificación
	Admiración	
	Afecto	
	Aflicción	
	Añoranza	
	Censura	
	Compasión	
	Competencia	
	Comprensión	
	Desaliento	
	Desasosiego	
	Desconcierto	
	Engaño	
	Entusiasmo	
	Envidia	
	Espanto	
	Fobia	

	Fragilidad	
	Frenesí	
	Incompresión	
	Inconformidad	
	Incongruencia	
	Incredulidad	
	Motivación	
	Pertenencia	
	Pesadumbre	
	Resignación	
	Resistencia	
	Suficiencia	
	Sumisión	
	Tranquilidad	
	Tristeza	

✓×	Emoción	Clasificación
	Agradecimiento	
	Agravio	
	Agresión	
	Alarma	
	Alborozo	
	Ansiedad	
	Concentración	
	Condescencia	
	Confianza	
	Confusión	
	Congoja	
	Desconsideración	

	Desconsuelo	
	Desdén	
	Desdicha	
	Desencanto	
	Estima	
	Estremecimiento	
	Estupor	
	Euforia	
	Indignación	
	Inestabilidad	
	Infelicidad	
	Inferioridad	
	Pesimismo	
	Placer	
	Plenitud	
	Preocupación	
	Prepotencia	
	Respeto	
	Resquemor	
	Turbación	

✓×	Emoción	Clasificación
	Alivio	
	Alteración	
	Amabilidad	
	Amargura	
	Ambivalencia	
	Amor	
	Angustia	
	Consuelo	

	Contento	
	Contrariedad	
	Correspondencia	
	Cuidado	
	Culpa	
	Curiosidad	
	Desesperación	
	Desgano	
	Desidia	
	Desilusión	
	Desmotivación	
	Desolación	
	Desprestigio	
	Excitación	
	Éxtasis	
	Extrañeza	
	Inquietud	
	Insatisfacción	
	Inseguridad	
	Interés	
	Intolerancia	
	Intrepidez	

✓x	Emoción	Clasificación
	Alegría	
	Apatía	
	Apego	
	Apoyo	
	Aprobación	
	Armonía	

	Arrepentimiento	
	Arrogancia	
	Arrojo	
	Asco	
	Asombro	
	Atracción	
	Ausencia	
	Autonomía	
	Desprotección	
	Destrucción	
	Desvalimiento	
	Desventura	
	Devaluación	
	Dicha	
	Dignidad	
	Discordia	
	Disforia	
	Disgusto	
	Dolor	
	Dominación	
	Duda	
	Duelo	
	Furia	
	Invasión	
	Ira	
	Irritación	

✓x	Emoción	Clasificación
	Esperanza	
	Agobio	
	Compromiso	
	Consideración	
	Desconfianza	
	Deseo	
	Desorientación	
	Desprecio	
	Exaltación	
	Exasperación	
	Frustración	
	Indiferencia	
	Injusticia	
	Lujuria	
	Mezquindad	
	Obstinación	
	Odio	
	Parálisis	
	Pasión	
	Persecución	
	Pudor	
	Recelo	
	Rechazo	
	Resentimiento	
	Reserva	
	Serenidad	
	Soledad	
	Sorpresa	
	Sosiego	
	Tentación	

	Tolerancia	
	Venganza	

Ve de nueva cuenta al final del libro a la hoja de Emociones y escribe cuál es tu emoción actual, qué es lo que estás sintiendo después de haber leído toda la información de este capítulo.

CAPÍTULO 10
El Laberinto del Séptimo Rayo (7°)

"Un Camino del Miedo al Amor"

Ejercicio Poderoso para Sanar por medio del Dolor, Tomando el Control de Tú Vida.

¿A qué Me Voy a Enfrentar al Caminar por este Laberinto?

Ahora que inicies el camino por el Sendero del Laberinto, será para encontrarte con el autoconocimiento, avanzando con constancia, disciplina, paciencia, entendimiento y amor. Libre de juicios y dejando el ego a un lado.

Se trata de un encuentro contigo mismo, en el que deberás profundizar, enfrentando al dolor y al sufrimiento sin miedo, viéndolos de frente para mostrarles que tú eres mucho más fuerte que cualquier emoción tóxica.

Para que puedas estar realmente contigo mismo, busca algún lugar en el que te encuentres solo, sin ninguna distracción, apaga tu celular, avisa a tus seres queridos que estarás haciendo un ejercicio y que necesitas privacidad sin ser interrumpido, de tal manera que puedas actuar libremente. Si es necesario llorar, llora, si deseas gritar, grita. No quieras controlar ninguna emoción o sentimiento, simplemente libéralos, de eso se trata este ejercicio.

El tiempo que tardes en él es lo de menos, deberás ocupar todo el tiempo que necesites, detenerte en cada punto para analizar a consciencia cada sentimiento, cada emoción, cada detalle, cada recuerdo. Si llega un momento en el que necesitas detenerte por completo para continuar otro día o unas horas más tarde, hazlo sin preocuparte, hasta que hayas logrado digerir, comprender e identificar la situación. Puedes dejarlo incluso por un par de días, ya que mientras transitas por el Sendero del Laberinto, irás descubriendo emociones y sentimientos más profundos que a veces se complica el digerirlos de golpe. Pero no te angusties, si sucede de esta manera significa que estás llegando realmente al fondo, comprendiendo por qué te lastimó, por qué modificó tu vida de alguna manera. En cuanto estés listo retoma, el resultado al final será muy liberador.

Debes saber que es muy importante no brincarte procesos; si quieres resultados positivos deberás caminar los 40 X 40 pasos de este Laberinto, de principio a fin.

Con esta práctica, además de liberarte aprenderás a dirigir tus pensamientos para generar emociones correctas, olvidándote del sufrimiento que te causas o que antes te causabas a ti mismo y a tus seres queridos.

Antes de comenzar a caminar por el Laberinto, necesitas tener a la mano la hoja de emociones que quieres transmutar, deberás hacer una a la vez para que realmente puedas sanar, elige la que creas que es la que más te ha lastimado. Además, ten a la mano 1 lápiz para hacer apuntes, 1 plumón de color violeta, una vela blanca y si es de tu agrado un incienso. Te recomiendo sacar copias fotostáticas tanto del laberinto como de las hojas de preguntas y respuestas para que no ensucies las del libro, y puedas realizar el ejercicio cuantas veces lo necesites.

Por ningún motivo leas las preguntas del Laberinto antes de caminarlo, ya que si lo haces tu mente comenzará a buscar respuestas con la ayuda de tu ego. Cierra el libro y vuelve a abrirlo hasta que cuentes con suficiente tiempo para seguir y, una vez que estés listo comienza tu recorrido.

El Laberinto del Séptimo Rayo 7°

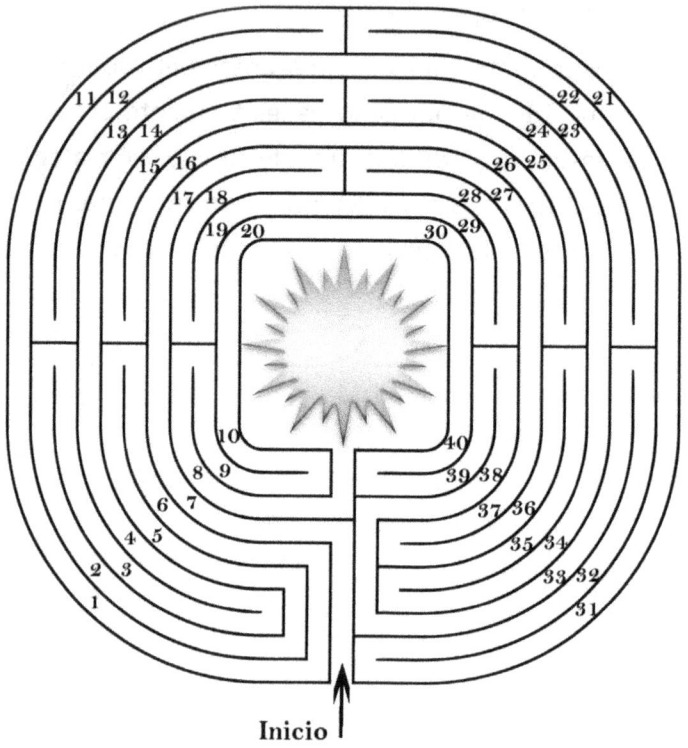

Inicio

El Laberinto del Séptimo Rayo (7°)

Se trata de un laberinto cuyas paredes son de cristal violeta, al centro un Gran Sol Violeta que te inunda con sus rayos. Sigue las instrucciones, lee cuidadosamente cada paso, abre tu Alma a tu Espíritu e inúndalo de Amor, dejando los juicios a un lado, para que el ego no intente controlarte:

1. Toma tu hoja de preguntas y respuestas, observa la imagen del laberinto que se encuentra en el libro o en tu copia fotostática si cuentas con una.

2. Toma un lápiz o un plumón violeta y visualízate parado en la entrada mientras iluminas un punto ahí, justo en el inicio. Ese punto te representa.

3. Cierra tus ojos y mantén la imagen tuya, parado al inicio de este laberinto que tiene paredes de cristal violeta, sube la mirada y nota que el techo es el universo en tonos violetas, gira tu mirada hacia el centro, intenta ver a través de los cristales. ¿Alcanzas a ver en el centro a un gran sol violeta, sientes su calor, su fuerza, su seguridad y su amor?

4. Inhala y Exhala profundamente 7 veces, al inhalar siente como la llama violeta de ese sol, te llena de energía mientras hace girar a tus Chakras más rápidamente. Inhala nuevamente y siente como la energía de ese Sol Central te va calmando con su rayo violeta ya que él conoce tus pensamientos, sentimientos y emociones. ¿Sientes su fuerza y su paz mientras limpia todas las emociones negativas en ti?

5. Siente tu respiración, como inhala fuerza y paz, mientras exhala la emoción tóxica que estás transmutando. Ahora esa emoción se encuentra a tu lado, ya está fuera de ti, ya no te puede hacer daño, pero para desvanecerla necesitarán recorrer juntos el laberinto como si estuvieras soñando. Van a llegar a ti muchas otras emociones, pero está en especial, ya no podrá lasti-

marte, ella va a caminar a tu lado, será tu compañera de viaje, como una pesadilla de la que pronto despertarás.

6. Mientras recorres El Laberinto del Séptimo Rayo (7°), únicamente serás un espectador, solo estás observando lo que sucede, nada te podrá dañar a ti. Recuerda que es como un sueño o una película que estás viendo.

7. Respira profundamente nuevamente y siente tu poder, ahora se acercan a ti para cubrirte con su Luz y ser testigos, tu Ángel de la Guarda y el Arcángel Zadquiel.

8. Sintiéndote en calma y con paz, volteas a ver a tu emoción tóxica, siendo testigo de cómo alrededor de ella se encuentra el dolor y sufrimiento que te causó, sabiendo que estás a punto de descubrir lo que tienes que aprender de esa emoción, del dolor y del sufrimiento.

9. Tomas fuerza y valor para enfrentar a la emoción y le das la instrucción de que camine a tu lado mientras avanzas por este Laberinto, hasta llegar al Sol Violeta Central.

10. Ahora recorre todo el Sendero de este Laberinto, de ida hacia el Sol. Tú puedes alcanzar a verlo a través de los muros, mientras caminas sientes su amor y su calor, sin embargo, para poder llegar a él, deberás deshacerte de las emociones tóxicas que ahora no te permiten avanzar.

11. En cada número deberás hacer una parada para leer la hoja de preguntas, escribiendo tu respuesta en cada

una de ellas. Si llegas a bloquearte sin encontrar contestación, recuerda que a tu lado va la emoción, voltea a verla, hazle frente y pregúntale, ella te dará la respuesta que buscas. Junto con la respuesta no olvides anotar también, las emociones nuevas que te están causando. Continúa tu caminar hasta llegar al Sol.

12. Cuando hayas llegado al sol, lee todo lo que él tiene que decirte y sigue al pie de la letra sus instrucciones.

13. Una vez que hayas terminado con las instrucciones del Sol violeta central, comienza tu recorrido de salida. De nueva cuenta has una parada en cada número, esta vez lee la hoja de soluciones y anota tus conclusiones.

14. Que tu camino sea de Amor para que encuentres la solución.

—— ♡ ——

Preguntas y Respuestas

1. ¿De alguna manera has logrado controlar está emoción antes de encontrarte en este camino? ¿Qué has hecho para sentirte mejor?

- _____
_____
_____
_____
_____
_____

2. ¿Alguna vez te has desahogado hablándolo o llorado lo suficiente? ¿Ayudó para sanar?

- _____
_____
_____
_____
_____
_____

3. ¿Has sido constante? ¿Honestamente piensas que hiciste lo mejor que pudiste haber hecho para sanar? ¿De esta situación, sabes lo que te hizo bien y lo que te hizo mal?

- _____
_____
_____
_____
_____
_____

4. Al pensar en esta emoción tóxica, ¿Qué parte del cuerpo te duele? ¿Has enfermado de alguna manera?

- _____
_____
_____
_____
_____
_____

5. ¿Has podido platicarlo abiertamente con alguien más? ¿Actualmente llevas buena relación con la persona involucrada y contigo mismo en este tema?

• _____
_____
_____
_____
_____
_____

6. ¿Ha sido un dolor tan fuerte, que literalmente te duele el corazón? ¿Esta emoción te inmovilizó de alguna manera?

• _____
_____
_____
_____
_____
_____

7. ¿Cómo sientes esta emoción? ¿cómo la catalogas? ¿Te dan deseos de controlar todo lo que acontece a tu alrededor?

• _____
_____
_____
_____
_____
_____

8. ¿Crees que has perdonado a quién te causó este dolor? ¿Te has perdonado a ti mismo? ¿Has perdonado al dolor que sientes?

• _____
_____
_____

_____
_____
_____

9. ¿Qué es lo que has estado intentando hacer, que aún no haces? ¿Qué si has hecho al respecto? ¿Has pensado en hablarlo abiertamente y sin filtros con la persona o personas involucradas?

- _____
_____
_____
_____
_____
_____

10. ¿Crees que tú te diste a respetar en esta situación? ¿Estás respetando la capacidad, el camino y deseo de las personas involucradas?

- _____
_____
_____
_____
_____
_____

11. ¿Estás consciente que tienes el poder para cambiarlo? ¿Crees realmente que todo se puede transmutar?

- _____
_____
_____

_____
_____
_____

12. ¿Cómo te ves a ti mismo? ¿Esta situación y emoción te ha desequilibrado?

* _____
_____
_____
_____
_____
_____

13. ¿Cuál es tu diálogo mental? ¿Qué creencias nuevas creas con respecto a esto?

* _____
_____
_____
_____
_____
_____

14. ¿Crees que esto que estás sintiendo tiene más fuerza que tú? ¿Has sido demasiado tolerante con la emoción?

* _____
_____
_____
_____
_____
_____

15. ¿Por qué te aferras a mantenerlo dando vueltas en un pensamiento constante? ¿Estás buscando que se haga justicia? ¿Tal vez venganza? o ¿Te gusta vivir en el país de las víctimas?

• _____

16. ¿Tienes la esperanza de poderlo olvidar? ¿Crees que en algún momento el dolor desaparecerá?

• _____

17. ¿Cuál crees que sea el motivo por el que te lastima? ¿De qué manera te cambió?

• _____

18. ¿Crees que esto, te lo hicieron a propósito? ¿Sientes que fuiste demasiado ingenuo y buena persona?

- _____
_____
_____
_____
_____
_____

19. ¿Piensas que tú tuviste algo de culpa? ¿Crees que presionaste demasiado? ¿Tuviste calma y paciencia?

- _____
_____
_____
_____
_____
_____

20. Analiza bien y apunta si crees que te estás saboteando a ti mismo. ¿Te podrás perdonar si así fuera?

- _____
_____
_____
_____
_____
_____

21. ¿Sientes que eres una víctima de la situación y las circunstancias? ¿Te ha sucedido algo similar en otras ocasiones?

- _____
_____
_____

_____

_____

_____

22. Ve dentro de ti y revisa si tú eres quién está permitiendo que esto te afecte. ¿Puedes encontrar un punto de equilibrio? ¿Te sientes estable?

• _____

_____

_____

_____

_____

_____

23. ¿Eres amable contigo mismo? ¿Procuras cuidarte? ¿Qué tan frecuentemente buscas estar alegre, gozoso? ¿Eres amoroso y/o cariñoso?

• _____

_____

_____

_____

_____

_____

24. ¿El dolor sigue siendo igual, menor o mayor? ¿Agradeces de alguna manera lo que te enseñó este dolor?

• _____

_____

_____

_____

_____

25. Durante el día, ¿Cuántas veces lo recuerdas con dolor? ¿Cuándo duele buscas con paciencia sanar o te hundes en el dolor?

● _____
_____
_____
_____
_____
_____

26. ¿Qué es lo que más te duele? ¿Crees que no lograste los objetivos y metas que estaban planteados?

● _____
_____
_____
_____
_____
_____

27. ¿Hay emociones relacionadas a esta, que no les hayas permitido fluir, quedándotelas en el fondo de tu Alma? ¿Cuáles? ¿Cuál es la verdad en el fondo de estos pensamientos?

● _____
_____
_____
_____
_____
_____

28. ¿En un inicio te provocó tristeza, coraje, miedo, ninguna o las tres? Anótalas conforme las hayas sentido ¿Has sido muy duro contigo mismo? ¿Sabes cómo amarte y respetarte? ¿Lo haces?

* _____
_____
_____
_____
_____
_____

29. ¿Qué emoción hubieras preferido sentir? ¿Qué se necesitaba que no sucedió, para que así fuera?

* _____
_____
_____
_____
_____
_____

30. ¿Tienes la seguridad de que vas a recibir ayuda y compañía de tus seres de Luz o tus seres queridos? ¿Necesitas que te ayuden a perdonar?

* _____
_____
_____
_____
_____
_____

31. ¿En realidad tienes el deseo de salir de la oscuridad en la que te encuentras? ¿Quieres transmutar los eslabones negativos y tóxicos de tu Cadena de Emociones? ¿Te gustaría sentirte realmente libre?

- _____
_____
_____
_____
_____
_____

32. ¿Crees que alguna de tus creencias limitantes haya influido para que esta situación se desarrollara de esta manera? Anota cuáles ¿Sientes que bajan tu vibración?

- _____
_____
_____
_____
_____
_____

33. ¿Qué crees que opine al respecto tu Creador, Padre, Madre, Universo? ¿Piensas que desea algo mejor para ti? ¿Te ayudará a transformar esta situación para tu más alto bien?

- _____
_____
_____
_____
_____

34. ¿Comprendes que fue lo mejor que pudo haber pasado? ¿Qué fue por alguna razón que aún no descubres, pero que provocará que llegue algo mejor? ¿Sabes qué vendrán cambios tangibles a tu vida, que te obligarán a mejorar?

- _____
_____
_____
_____
_____
_____

35. ¿Crees que tal vez hubieras podido hacer algo para cambiar completamente el resultado? ¿Si tu mente hubiera estado en equilibrio, libre de ego y juicios, hubieras reaccionado de la misma manera?

- _____
_____
_____
_____
_____
_____

36. ¿De alguna manera sabías o imaginabas que esto iba a pasar? ¿Confías en tu intuición? ¿Crees que el Universo te avisa para hacerte saber que algo va a estar mal?

- _____
_____
_____
_____

_____
_____

37. ¿Cómo te sientes contigo mismo? ¿Te sientes culpable?

● _____
_____
_____
_____
_____
_____

38. ¿Realmente deseas mejorar tu Cadena de Emociones? ¿Piensas que esto trascenderá trayéndote sabiduría y experiencia?

● _____
_____
_____
_____
_____
_____

39. ¿Tienes fe en que todo esto cambiará y trascenderá? ¿Sientes que de alguna manera tu nivel de consciencia cambió?

● _____
_____
_____
_____
_____
_____

40. ¿Estás listo para quitarte la venda de los ojos y comenzar a estar presente en tu consciencia universal? ¿A cuáles seres de Luz puedes invocar para recibir ayuda? ¿Qué tipo de ayuda vas a solicitar?

- _____

_____

_____

_____

_____

_____

El Mensaje del Sol Violeta Central

Hermoso Ser de Luz, has llegado hasta aquí gracias a tu perseverancia, decisión, ímpetu y deseo de mejorar y así ya ES. Observa por última vez a esta emoción que viene acompañándote, ahora es más pequeña porque en cada paso que diste, te fuiste liberando de sus eslabones. Obsérvala, ¿La ves de diferente manera ahora? ¿Has logrado soltar esa emoción?

Mientras recorrías el Sendero del Laberinto, tú únicamente me veías a través de los cristales, pero sentías mi calor porque yo estaba enviando a ti mis Llamas Violetas, que corresponden al Séptimo Rayo del lenguaje de la Luz. Debes saber que este Rayo al igual que otros, lo enseñó a los seres

humanos el hombre que marcó un antes y un después en el planeta tierra. Así es, el Maestro Jesús junto con sus discípulos, lo enseñaron a la humanidad, para que pudieran mejorar su desarrollo Espiritual mediante estos códigos lumínicos, de modo que ayudaron a que despertáramos del sueño profundo en el que habíamos caído, para obtener una nueva, mejorada y elevada Consciencia.

Ahora tú, sin notarlo has recibido las bondades del 7° Rayo mediante la Llama Violeta del perdón, la transformación y la transmutación. Tu poder del perdón ahora se ha incrementado para que cuentes con la capacidad de perdonar y olvidar todo aquello que te puede lastimar. Cada vez que tu pensamiento en complicidad con tu ego y tu juicio intenten recordarte lo que pasaste, lo que te hicieron, como te dolió, lo difícil que ha sido, recuérdales tu a ellos que ahora cuentas con el poder del perdón, que la llama Violeta del 7° Rayo te ha sanado y que ya has perdonado dejando a un lado los resentimientos, el odio, el dolor y el rencor, agradeciendo por su enseñanza.

Recuerda que todos nos equivocamos, pero siempre debes perdonarte primero a ti mismo y después a los demás y las circunstancias para que logres transformar y transmutar tu cadena de emociones que es la que forma tu vida diaria. Si practicas cargarte diariamente con la llama Violeta, verás muchos cambios gradualmente, ya que entre los dones que te brinda están la ley del perdón, la misericordia, la tolerancia, la paciencia, la justicia y el equilibrio entre otros. Tal vez ahora estés recordando que en alguna de las preguntas que te respondiste, sentiste como alguno de esos dones te invadió dándote fuerza y esperanza.

Ahora, te pido ver de frente a esta emoción que has traído para transmutar. Agradécele por todo lo que te enseñó y libérala en mis llamas. Quédate observándola el tiempo que sea necesario, hasta que veas como se desvanece transformándose en Amor.

En cuanto estés listo, comienza tu camino de salida en el cual vas a continuar recibiendo los códigos lumínicos de mi 7° Rayo a través de la Llama Violeta del perdón y la transformación. Durante tu viaje detente en cada número, ya que cada uno de ellos te regalará una enseñanza, al terminar de escucharla repite esta frase: "Yo Soy liberad@ en la Llama Violeta del Perdón y la Transformación del Séptimo Rayo, que consume todo aquello que me hace daño; sin esfuerzo, con gracia y facilidad, de la mejor y más elevada manera, para mi más alto bien".

Gracias por tu presencia en mi Laberinto, has enriquecido mi fuerza, mi Luz y mis dones con tu Amor, ahora continúa tu viaje.

Soluciones

Ahora comienza tu camino de salida por El Laberinto del Séptimo Rayo 7°. Recuerda parar en cada número para leer su mensaje. Una vez que lo hayas leído, apunta cuál fue tu ense-

ñanza con respecto a la emoción que enviaste a la Luz para su transmutación del miedo al Amor.

1. A estas alturas seguro ya te sientes más ligero, tal vez ahora en lugar de caminar por este laberinto, te encuentras volando. Ya has liberado y transmutado esta emoción. Continúa haciéndolo con el resto de tus emociones tóxicas, hasta que tu Cadena se encuentre libre y tú sintiéndote cada vez mejor.

• _____
_____
_____
_____
_____
_____

2. Se constante, crea una disciplina para sanar todos tus cuerpos. Hasta ahora solo te habían dicho que tenías que cuidar el cuerpo físico, pero aquí ya aprendiste que de igual manera debes cuidar tu cuerpo mental, sentimental y etérico astral. Podrás lograrlo si dejas de reprimir tus emociones. Si necesitas gritar, grita, llora, ríe, canta, baila, no te detengas, saca todo lo que tengas que sacar para que no se repriman y se conviertan en enfermedad.

• _____
_____
_____
_____
_____

3. Recuerda ser constante en cada paso que des en el sendero de tu vida. A través de la constancia llegarás a lugares que antes no hubieras imaginado, persiste y nunca te detengas.

- _____

_____

_____

_____

_____

_____

4. Marca la fecha de este día, como el día en que comienzas a vivir una nueva realidad, con una Cadena de Emociones saludable, que te llenará de salud física, mental, emocional y etérico astral. Se constante y no olvides las enseñanzas, eres mucho más de lo que tus ojos físicos han percibido. Eres uno con el Universo y todo lo que en él existe, así que comienza a disfrutar tu grandeza.

- _____

_____

_____

_____

_____

_____

5. Es tiempo de soltar el miedo por presentarte tal y como eres, sin máscaras. Ábrete a las personas sin temor, aquellos que te amen tal y como eres, son con los que podrás SER TÚ mismo. Aquellos que pretendan que seas como ellos imaginan o quieren que seas, solo te lastima-

rán, así que aléjate, no te hagas más daño ni te preocupes por el que dirán.

• _____
_____
_____
_____
_____
_____

6. El dolor a veces es tan fuerte, que te inmoviliza, literalmente te duele el corazón. Eso te crea limitaciones, tu pensamiento ya ni siquiera piensa, solo siente. Así es difícil tomar acción para sanar siendo muy fácil caer en la trampa del sufrimiento. En este caso deberás ser Resiliente, para lograr esto enfócate en la meditación, en ir a tu interior para desde ahí sanar. Suena difícil, pero se puede. Cúbrete con la Llama Violeta del Séptimo Rayo, te ayudará a transmutar el dolor sintiéndote más tranquilo.

• _____
_____
_____
_____
_____
_____

7. Has concluido El Laberinto del Séptimo Rayo 7°, deseo que todo lo que hayas aprendido permanezca contigo para que sigas aplicándolo en tu vida diaria. Renuncia a la necesidad de controlar todo lo que sucede a tu alre-

dedor. Los seres humanos no tenemos la capacidad de controlar lo que sucede, únicamente procuramos hacer las cosas correctamente, de acuerdo a nuestros gustos y a nuestro sistema de creencias. Suelta el juicio y permítete ser. No todo tiene que ser "perfecto". Si te caes, te levantas de nueva cuenta y ahora, lo harás con una sonrisa porque ya no te dolerá. ¡Felicidades!

- _____
_____
_____
_____
_____
_____

8. La vida duele, muchas veces va a doler, nunca nadie te dijo que vivir sería una fiesta en primavera. Duele y a veces mucho, sin embargo, tú decides si quieres sufrir o no. Eso es algo que tú eliges. Sal del mundo de las víctimas que ahí solo hay dolor y sufrimiento. Corre al mundo de los optimistas, ahí encontrarás tu verdadero hogar. Perdona al dolor, has las paces con él, muéstrale como ya no lo necesitas.

- _____
_____
_____
_____
_____
_____

9. Los seres humanos son muy complejos. Cuando se trata de alcanzar metas, hay quienes dan todo por llegar y cómo es de esperarse, llegan. Otros de igual manera dan todo por llegar, pero sus pensamientos llenos de creencias limitantes los bloquean, como es de esperarse no llegan. Existen otros que simplemente se sientan a esperar sin hacer nada al respecto, a esos no les llega nada. Pero, por otro lado, hay otros que se sientan a esperar mientras manipulan a otras personas para lograr lo que desean, aunque no están actuando directamente para alcanzar su meta, están actuando para que otras personas lleguen y se lo traigan. Actúa, no te detengas, vive tu vida por ti mismo.

• _____

_____

_____

_____

_____

_____

10. Una de las leyes que nos ayuda a tener paz, es la del respeto. Respétate primero a ti mismo para que después puedas respetar a los demás. Recuerda que cada quién piensa y actúa de acuerdo a su nivel de consciencia, no hay dos seres humanos que sean iguales, ni siquiera las llamas gemelas, siendo que su esencia es la misma. Tus deseos no son los mismos, cada quién decide lo que quiere buscar. Respeta y si no van de acuerdo con tus metas, simplemente aléjate que ya encontrarás a nuevas personas que vibren como tú.

● _____
_____
_____
_____
_____
_____

11. Llegaste al punto de la verdad. Es tiempo ya de transmutar todo el dolor y eliminar el sufrimiento. Ahora habrás podido darte cuenta que no vale la pena continuar pensando, reaccionando y generando emociones como lo has venido haciendo hasta ahora. Sumérgete en esa Llama Violeta el 7° Rayo, que te ayudará con la alquimia de la transmutación.

● _____
_____
_____
_____
_____
_____

12. Tu mundo puede estar tranquilo y de un momento a otro sucede algo que lo desbalancea, sacándote de equilibrio. Son situaciones que llegan inadvertidas, por lo que tu reacción será sin pensar. Simplemente actuarás como tu subconsciente lo marque. Procura meditar ya que esto te hace más contemplativo ayudándote a analizar mejor las cosas, sin actuar o tomar decisiones precipitadas. Encuentra tu equilibrio mental.

• _____
_____
_____
_____
_____
_____

13. Las cosas no tienen por qué ser tan serias, ríete de las circunstancias, ve la vida con optimismo y tranquilidad. Cambia la creencia limitante de que debes preocuparte por todo, ya que no es así. Ahora solo ocúpate y ríe de la situación.

• _____
_____
_____
_____
_____
_____

14. Sé que te sientes un guerrero y está muy bien serlo, únicamente que guerrero no es sinónimo de dolor. No tienes por qué tolerar el dolor todo el tiempo. Algunas personas abusarán de ello lastimándote sin que les importe ya que tu toleras el dolor y sales adelante porque eres un gran guerrero. Una cosa es ser tolerante y otra querer ser un mártir. Di ¡NO! y aléjate cuanto antes de la situación o de la persona, aunque se trate de familiares. Ámate a ti mismo.

- _____
_____
_____
_____
_____
_____

15. Cuando alguien te lastima, lo primero que te viene a la cabeza es que fue injusto, que era algo que no merecías y seguramente así es. Nunca busques venganza, se trata de una vibración baja que dañara tu frecuencia. Solo deja que el tiempo pase, perdona y olvida. La Justicia Divina se encargará de lo demás. Es algo a lo que llamamos Karma.

- _____
_____
_____
_____
_____
_____

16. Todo en esta vida tiene solución. Recuérdate a ti mismo hace 10 años. Eras una persona diferente, tal vez estabas con personas diferentes y ahora tu mundo es nuevo. Todo se renueva, todo trasciende y el Universo nos va acomodando las nuevas experiencias. No te ahogues en tus actuales emociones que pronto aparecerán más y con tu nuevo aprendizaje serán nuevas, mejores, emocionantes y atrevidas emociones. ¡Sonríe!

- _____
_____

_____
_____
_____
_____

17. A veces las cosas cambian, la gente cambia y por no querer soltar eso que tienes o a esa persona especial, te aferras a que nada ha cambiado pensando y creyendo que pronto todo volverá a ser como antes. Imaginando que eres muy feliz, cuando realmente ya no lo eres. Cuando las cosas se van, nunca vuelven a ser las mismas. Tal vez mejoren si aprendieron la lección, pero eso es algo muy inusual.

• _____
_____
_____
_____
_____
_____

18. Hay personas que lastiman a propósito, porque disfrutan hacer sufrir a la gente y hay personas que lastiman sin hacerlo a propósito. Ellos piensan que no te lastimará porque a ellos ya no les importas y creen que sientes igual. Si alguien te lastima, sabiendo que lo está haciendo y aun así no hace nada por resolverlo. Sal de ahí, ese ya no es tu lugar, tal vez nunca lo ha sido. Ponerte de tapete no es ser buena persona, es ser un tonto que se lastima a sí mismo.

• _____
_____
_____

_____

_____

_____

19. En cada momento de la vida, cuando se pierde la paciencia, se comienza a presionar a los involucrados. Cuando una persona se siente presionada, ya no actúa racionalmente por lo que comienza a actuar de mala manera lastimando al que se le ponga enfrente. Ten paciencia en cada situación para que nadie tenga presión por hacer algo que no desea. A final de cuentas, si no es algo que te haga feliz, mejor vete que ese lugar no es para ti.

- _____

_____

_____

_____

_____

_____

20. Nunca te señales ni te expreses mal de ti mismo. ¡Si no te respetas tú, nadie más lo hará! Si hay algo que no te guste o que quieras mejorar, piensa por qué es que no has podido hacerlo y perdónate por no haber encontrado la forma o la solución y por no haber hecho nada al respecto. Llegarán a ti soluciones rápidamente.

- _____

_____

_____

_____

_____

21. Ahora que has llegado hasta este punto, te pido cerrar tus ojos por un momento, cubrirte con la Llama Violeta para perdonarte, por todas las memorias dolorosas que has guardado en tu Cadena de Emociones, observa cómo se funden en la llama para liberarte de ese peso perdido que venías cargando. Permanece de esta manera hasta que te sientas más ligero.

- _____
  _____
  _____
  _____
  _____
  _____

22. La estabilidad personal se refleja en la vida. A veces buscas inconscientemente situaciones que te alteran. Has aprendido a vivir estresado y es difícil romper patrones que se tienen muy establecidos. Rompe con esos patrones y busca tu estabilidad emocional.

- _____
  _____
  _____
  _____
  _____
  _____

23. Sal de tu zona de confort y cuando lo hagas procura salir con una sonrisa, deja al miedo en un rincón, muévete, ámate, confía en ti y sé feliz mientras caminas para

encontrarte con nuevas y maravillosas situaciones. El Universo te espera, no lo hagas esperar más.

- _____
_____
_____
_____
_____
_____

24. La gratitud es una de las fuerzas más grandes que existen. Aprende a identificar y a encontrar todo lo bueno que hay para ti, a pesar de lo malo. Agradece por ello desde el fondo de tu corazón y entonces el Universo te compensará de muy buena manera, ya que estarás enviando una frecuencia muy alta que se te multiplicará.

- _____
_____
_____
_____
_____
_____

25. La paciencia es una virtud que muy pocos tienen, procura obtenerla y te será de gran ayuda. Si crees que ya cuentas con la cantidad suficiente de paciencia, no es verdad, nunca es demasiado. Con paciencia podrás sanar más rápidamente, aunque suene contradictorio, ya que tendrás la certeza de que pronto sanará y te ayudará a no mantenerte con el mismo pensamiento girando en tu cabeza constantemente.

* _____
_____
_____
_____
_____
_____

26. Lo más hermoso de los sueños es cuando se hacen realidad, no pares de soñar, tienes el poder de traer a la realidad todo lo que te haga feliz.

* _____
_____
_____
_____
_____
_____

27. Nunca escondas la verdad de tus emociones, siente todo lo que tengas que sentir y hazlo abiertamente. Nunca te avergüences por sentir demasiado, eso es un privilegio que no todo el mundo tiene. ¡Valóralo!

* _____
_____
_____
_____
_____
_____

28. A veces eres muy duro contigo mismo y con los demás, recuerda que estamos en esta maravillosa experiencia llamada vida, porque necesitamos aprender. Tú al igual

que todos los seres humanos te encuentras en crecimiento. Aplica la misericordia para ti y para el resto del mundo. Te será compensado de muy grata manera.

- _____
_____
_____
_____
_____
_____

29. Hay muchas cosas que se prefieren no vivir ni sentir, sin embargo, si no hubieras vivido y sentido todas y cada una de las emociones que te han hecho vibrar de diferentes maneras, no serías la persona tan hermosa que eres hoy. Hoy ya puedes transmutar esas emociones para que no se te vuelvan a presentar.

- _____
_____
_____
_____
_____
_____

30. Cuando alguien te lastima duele, más si es alguien a quién amas. No te aferres a ese dolor que te desgarra, perdona a la persona o situación que te lastimó. Comprende que no podía hacer más. Cúbrete con la llama Violeta del 7° Rayo y transmuta ese dolor para que puedas perdonar.

- _____
_____

---

31. ¡Abre tus alas y vuela! Comienza a disfrutar del paisaje, date cuenta que el Universo es el límite y que tienes la capacidad de alcanzarlo.

• _____
_____
_____
_____
_____
_____

32. Tu Frecuencia y Vibración dependen de tus emociones, si comienzas a tener emociones negativas y tóxicas, tu Frecuencia baja haciéndote sentir mal y muchas veces hasta enfermar. Limpia tu sistema de creencias para que tus pensamientos comiencen a generar un mayor número de emociones positivas desarrollando tu Frecuencia a su máximo potencial.

• _____
_____
_____
_____
_____
_____

33. ¡Transfórmate hoy, no esperes más! Tienes el poder de hacerlo, únicamente falta que te decidas y que seas constante.

---

34. Como dice el dicho: "después de la tormenta viene la calma" y gracias a esa tormenta el sol sale muy brillante, disfruta de los resultados finales en lugar de alargar el dolor.

- _____
  _____
  _____
  _____
  _____
  _____

35. Encuentra tu equilibrio, busca la manera en la que no sea fácil que alguien o algo te saque de balance. Tú eres quien les permite lastimarte, ya no lo permitas más.

- _____
  _____
  _____
  _____
  _____
  _____

36. Eres un Ser Divino, perfecto y brillante, no permitas que nadie más te diga lo contrario, mucho menos que te haga sentir mal. Defiende tus ideales con amor, verás que ese amor te será multiplicado.

*

---

37. Para poder cambiar realmente las emociones, los sentimientos, debes comenzar por ese primer pensamiento que te lleva a generar muchos pensamientos hermanos negativos. Limpia tu mente de juicios y sanarás tu Alma.

*

---

38. Todo pasa, termina en algún momento por eso es que no debes aferrarte a las cosas que lastiman, ellas tendrán vida, hasta que tú les dejes de dar tu fuerza y tu aliento. Comienza a formar una nueva Cadena de Emociones, con sabiduría y experiencia.

*

---

39. Es tiempo ya de expandir tu consciencia, mejorar tu visión, no conformarte con lo que tienes enfrente únicamente, siempre hay cosas escondidas que no se alcanzan a ver a simple vista. No desistas, busca y encontrarás, siempre hay algo de Luz en la oscuridad.

- _____
_____
_____
_____
_____
_____

40. Puedes acudir a tus seres de Luz, al Arcángel Zadquiel para que te ayude a perdonar y para que transmute lo que estás sintiendo o lo que está pasando. Siempre que pidas a la Divinidad, recuerda que también tú debes actuar en tu beneficio, no esperes que todo se resuelva como por arte de magia, aunque a veces si ocurra.

- _____
_____
_____
_____
_____
_____

CAPÍTULO 11
Felicitaciones

Felicidades! ¡Has Concluido tu aprendizaje!

Has llegado al final y me llena de emoción, porque has concluido tu aprendizaje y, estoy segura que hoy te encuentras más libre, habiendo comprendido que tú tienes el poder sobre tu sonrisa o tus lágrimas. De ahora en adelante serán muchísimas más las sonrisas. ¿Recuerdas las preguntas que contestaste en un inicio? Ahora deberás volver a contestarlas, sin mirar lo que habías escrito antes. No hagas trampa, ya que se trata de que compares tu nivel de consciencia, que estoy segura estará mucho más abierto y elevado:

Ahora cuál es la descripción real de tu felicidad ¿Qué estándares se deben cumplir para lograr ser feliz? ¿Cuánto dinero o posesiones debes tener para vivir feliz? ¿Cómo debe ser tu cuerpo físico? ¿Qué otras cosas materiales necesitas para poder ser feliz realmente? ¿De alguna manera te importa que tu interior esté en paz? ¿Crees que tus seres queridos deben darte lo que estás esperando de la manera en la que la estás esperando? ¿A qué le das más peso? ¿Cuáles son tus prioridades?

Apúntalas en una hoja y después las pasa al área de notas, para que compares tus respuestas.

Algo para Recordar

1. Que en tu memoria siempre exista el saber, que tú no eres culpable de nada, que todo cuanto ha sucedido fue para tu crecimiento personal y por tu más alto bien. Que las personas que te han lastimado, no lo han hecho a propósito, incluso si así lo pareciera. Ellos han actuado de la mejor manera que podrían haberlo hecho. No hubieran podido ser de otra manera, ya que cada quién actúa de acuerdo a su nivel de consciencia y su percepción. ¡Olvídate de los rencores y Perdona!

2. Muchas veces también tus palabras y actitudes provocan reacciones no esperadas, así que comienza a analizarte y a cambiar lo que no te agrade de ti mismo. ¡Se congruente con tus palabras, actos y deseos!

3. Libérate del dolor de las personas que hayan estado en tu vida y después hayan partido, ellas cumplieron con su camino, tenían que continuar. ¡No te Aferres y continúa con el tuyo!

4. Deja a un lado el victimismo, el egoísmo y el egocentrismo. Comienza a disfrutar la vida tal y como es, reconociendo cada instante de ella. ¡Acepta tu lado oscuro! ¡Disfruta del viaje y del paisaje!

5. Aprende a dar y recibir únicamente aquello que te haga algún bien. Todo lo negativo déjalo en quién te lo quiera echar. ¡No eres un bote de basura!

6. Habla, exprésate, siente, observa, aprende de los Chakras, ellos tienen mucho que enseñarte. ¡Gira siempre con una sonrisa en la boca!

7. Ámate primero a ti mismo, vibrando en la frecuencia correcta atraerás a ti a las personas correctas, en los momentos perfectos.

A través de estas páginas has comprendido que todo lo que sucede, sucede porque así lo hemos programado con nuestro pensamiento, percepción, intención sentimiento y emoción. De tal manera que ya no deberás sentirte victimizado, ofendido, preocupado. Cada quién camina a su ritmo, dando lo mejor de sí mismo, aunque eso no sea suficiente para algunas personas, ya que se encuentran en un nivel de consciencia diferente. De la misma manera, las cosas que tú hagas serán suficientes para algunas personas, sin embargo, para otras no. Eso no quiere decir que no estés dando lo mejor de ti.

Cuando las cosas no se den como tú las imaginabas, recuerda que nunca debes crear expectativas. Vivir en el futuro solo te traerá angustia. Vive y disfruta tu momento, todo lo que llega es lo mejor que puede llegar para ti. Tu manera de recibirlo es lo que marcará la diferencia. Sobra decir, que todo aquello que recibas con amor y hagas por amor, te dará resultados positivos que ayudarán a tu crecimiento espiritual, mientras elevas el nivel de la consciencia. La palabra miedo, para ti debe sonar diferente hoy. Sabes que es algo que puedes controlar y, aunque no sea fácil, estoy segura que eventualmente lo lograrás.

Ahora que has salido del país de las víctimas, olvida completamente los juicios, que no te dejan nada bueno. Ríete de la confusión y agradece por todas las emociones que sentiste porque ellas te hicieron fuerte, inteligente y resiliente.

Recuerda limpiar constantemente tus centros energéticos para que tus emociones fluyan de manera positiva y tus cuerpos no enfermen. Cuida tus pensamientos, tus actos y tus palabras para que no lastimen a nadie. Sé coherente y auténtico, no pretendas ser quién no eres. Quítate las máscaras y vive intensamente. Ahora ya sabes que, si caes te levantarás sonriendo, porque has aprendido algo nuevo. Las malas experiencias no se repetirán, porque descubrirás la lección en cada situación que se presente.

Deja de correr, comienza a caminar y de vez en cuando, detente a admirar el paisaje. Es tiempo de valorar todo lo que este hermoso planeta nos da y, agradece. No des por hecho el amor de nadie, ni su presencia porque nunca sabemos cuánto va a durar. Disfruta y cuida a tus seres queridos, valora su presencia en tu vida.

No te olvides de recorrer El Laberinto del Séptimo Rayo de vez en cuando, para que mires hacia dentro de ti, tomándole sentido a tus emociones. Solo así lograrás encontrar las respuestas. Vibra, brilla, evoluciona y siente tu verdadera esencia que es el Amor. De igual manera practica con constancia las tres fuerzas más poderosas que existen: El Perdón, El Amor y la Gratitud.

Hoy, con todo lo que está ocurriendo en el mundo, nuestra consciencia al fin está despertando a la verdad, comprendemos de mejor manera nuestras emociones, sentimientos y deseos, así como los de las demás personas. Sabemos que hemos lastimado al planeta de tal manera que ha enfermado, enfermándonos a nosotros también, porque de él nos alimentamos para sobrevivir. Es tiempo de reconocer que ahora debemos ayudar para mejorar lo que hemos destruido y para realizar el salto cuántico de nuestra consciencia. Reconozcamos nuestra esencia, que es la misma del Universo, que somos UNO con el Todo.

Aquí y ahora, somos un Espíritu de Consciencia pura, viviendo dentro de un cuerpo físico, mientras transita por un Planeta que es abundante, para vivir experiencias humanas llenas de emociones que nos harán ser mejores personas de lo que somos. Cree en ti, así como en tú Divinidad y, nunca pierdas la fe.

En caso de que requieras ir más profundamente a tu Ser, o si requieres de un análisis completo de tu camino por "El Laberinto del Séptimo Rayo", me puedes buscar en mis redes sociales @ClaudiaFierro o bien enviar un correo a Contacto@ ClaudiaFierro para que alguna persona del equipo se ponga en contacto contigo y agendemos una cita.

CREENCIAS LIMITANTES		
CREENCIAS LIMITANTES	EMOCIÓN	BLOQUEO

ANÁLISIS DEL PENSAMIENTO		
PENSAMIENTO	EMOCIÓN	TIPO DE EMOCIÓN

MIS EMOCIONES			
POSITIVAS	NEGATIVAS	TÓXICAS	COMBINADAS

MIS EMOCIONES			
POSITIVAS	NEGATIVAS	TÓXICAS	COMBINADAS

NOTAS: _____

_____
_____
_____
_____
_____
_____
_____
_____
_____
_____
_____
_____
_____
_____
_____
_____
_____
_____
_____
_____
_____
_____
_____
_____
_____
_____
_____
_____
_____

Recursos

https://es.wikipedia.org/wiki/Chakra

https://medlineplus.gov/spanish/ency/patientinstructions/000141.htm

https://es.wikipedia.org/wiki/Svadhishthana

https://info532922.wixsite.com/isabru/single-post/2017/01/18/Aromaterapia-y-chakras#:~:text=Los%20aceites%20esenciales%20pueden%20usarse,los%20ba%C3%B1os%20y%20dem%C3%A1s%20tratamientos.

https://alejandraleon.com/2019/03/12/5-solidos-platonicos-y-los-chakras/

http://www.vibracionautentica.com/home/chakras/chakra/

https://deustosaludopiniones.com/opiniones/que-son-los-7-chakras-y-sus-significados/

https://vivescortadaimport.com/blog-propiedades-minerales/apartados/los-chakras-y-los-minerales/index.php#:~:text=Los%20cristales%20por%20su%20propia,los%20procesos%20de%20crecimiento%20personal.&text=El%20concepto%20de%20chakra%20etimol%C3%B3gicamente,o%20%22disco%20de%20luz%22.

https://eltallerdelaserenidad.wordpress.com/2019/06/25/detectar-si-nuestros-chakras-estan-cerrados-o-abiertos/

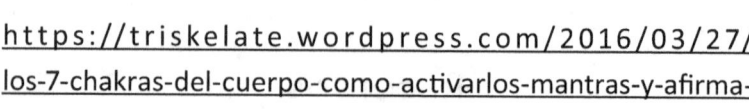

https://triskelate.wordpress.com/2016/03/27/los-7-chakras-del-cuerpo-como-activarlos-mantras-y-afirmaciones/

https://samantabhadri72.wixsite.com/samantabhadri/single-post/2015/12/12/Chakras-P%C3%A9talos-Lotos

https://semillasdelaconsciencia.wordpress.com/los-chakras/

https://www.rosaleah.com/articulo-los-chakras-vortices-de-luz/

https://www2.uned.es/geo-1-historia-antigua-universal/CHAKRAS.htm

https://es.wikipedia.org/wiki/Manipura

https://www.wemystic.com/es/merkaba/

https://www.autocrecimiento.com/salud/que-es-el-merkabah/

https://www.conscienciadeser.es/libros_base/chakras_aura_sanacion/libro_chakras/chakra5.html

https://www.karmaweather.com/es/bienestar/7-chakras/significado-chakras

https://es.wikipedia.org/wiki/Ajna

http://yoga-shakti.net/tantra-fisiologia-sutil-ii-los-chakras/

https://es.wikipedia.org/wiki/Sahasrara

https://taquionica.wordpress.com/2016/03/03/solidos-platonicos-representacion-de-los-elementos/comment-page-1/

https://es.wikipedia.org/wiki/Vishuddha

https://diariojudio.com/opinion/como-viven-la-muerte-el-judaismo-y-otras-religiones/257328/

https://www.youtube.com/watch?v=zy6mVAb-UjU&t=340s

https://hoponopono.net/joe-vitale-ho-oponopono-libro-cero-limites

https://www.ivoox.com/audio-meditacion-tecnica-del-ho-oponopono-audios-mp3_rf_2744710_1.html

https://www.unidos.com.mx/que-significa-ser-resiliente/

http://psicologos.mx/lista-de-emociones-que-podemos-sentir.php

https://www.unotv.com/ciencia-y-tecnologia/emociones-positivas-o-negativas-influyen-en-tu-salud-unam/

https://medlineplus.gov/spanish/mentalhealth.html#:~:text=%C2%BFQu%C3%A9%20es%20la%20salud%20mental,los%20dem%C3%A1s%20y%20tomamos%20decisiones

https://concepto.de/metales/

https://es.wikipedia.org/wiki/Consciencia

https://www.mundoeneagrama.com/comunidad-de-aprendizaje/articulos/post/serie-geometria-sagrada-el-circulo-es-un-circulo-el-triangulo-es-un-triangulo-articulo-i

https://centroosteopaticomonicamolina.com/geometria-sagrada/

Agradecimientos

Agradezco a mi padre, el Capi Rodolfo Fierro, quién fue, es y será mi pilar de vida, él me enseñó el significado del amor incondicional, mostrándome el camino a mi interior y, agradezco también a mi madre Angelina de la Portilla, porque me enseñó a tener valor, a ser fuerte y persistente, mostrándome diferentes formas de llegar a la meta sin rendirme, porque cuando se quiere, se puede.

También agradezco a mi llama gemela por haberme impulsado y presionado para que finalmente comenzara a escribir. Pero sobre todo te agradezco por la explosión de emociones por las que me has hecho pasar.

De igual manera te agradezco a ti, que tienes este libro entre tus manos. Deseo que logres encontrar a través de estas páginas las soluciones que tanto has buscado.

Yo te amo 🖖 porque deseo lo mejor para ti y, le pido a la Divinidad, que siempre haya Luz en tus días ☀ y Estrellas en tus noches ✹

Namaskar 🙏

Claudia Fierro
ESPIRITUALISTA

La Autora

"La vida son los Sentimientos, y lo que nos hace sentirla, vibrarla y caminarla son las Emociones, ya que son ellas las que marcan tu camino, son la Gracia Divina de saber que estás vivo."

Claudia Fierro es una Coach Espiritualista cuya misión es la de ayudar por medio del amor.

Desde pequeña ha tenido dones desarrollados que en ese entonces no comprendía, mismos que la llevaron a experimentar un cúmulo de emociones que la llenaron de miedo y dolor, con un sufrimiento que ocultaba en el silencio.

Sin embargo, ella nunca se dio por vencida ya que nunca ha estado sola, a su lado siempre ha habido Seres de Luz, sobre todo esos que conocemos con el nombre de Ángeles. Sus inseparables compañeros, amigos, guardianes y protectores, 🜍 de tal manera que, con su guía, trabajó durante año y medio con 24 códigos lumínicos para cargarse con sus bondades, convirtiéndose en un Guerrero Arcoíris.

Desde chica, Claudia ha canalizado todo a través de los Ángeles y mediante los 7 Rayos de Luz de la Metafísica Espiritual, que fue introducida a la humanidad por el Maestro Jesús, seguido por el maestro Saint Germain con su llama Violeta 💜.

Su filosofía de vida, defiende la esencia espiritual y la inmortalidad del espíritu, en sus propias palabras nos dice: *"No somos un cuerpo físico habitado por un Espíritu; Somos un Espíritu que habita un cuerpo que es nuestro vehículo físico, con el cual podemos transitar por esta hermosa aventura llamada vida terrenal y, cuando el cuerpo trascienda, permaneceremos con vida en Espíritu, hasta que nos toque de nueva cuenta continuar."*

Ella ha obtenido diferentes tipos de Certificaciones como Terapeuta Holística y Coach Espiritualista en técnicas como Metafísica Espiritual, Thetahealing, Geometría Sagrada, Cuenco-Terapia, Luz Dorada, Ho´oponopono, Coaching de Limpieza de Creencias, Tapping, entre otras.

Atención Personalizada

Aquí los links para obtener más información sobre los ejercicios de este libro, para solicitar un estudio completo de "El Laberinto del Séptimo Rayo 7°" o para agendar una cita con Claudia Fierro:

Contacto@ClaudiaFierro.com

www.ClaudiaFierro.com

www.Facebook.com/ClaudiaFierro333

www.YouTube.com/c/ClaudiaFierro

Twitter: @ClaudiaFierro33

Instagram: @ClaudiaFierro333

Cel.- +52 55 3989 6087

www.ingramcontent.com/pod-product-compliance
Lightning Source LLC
Chambersburg PA
CBHW062109170626
46813CB00002B/375